LO QUE LAS PERSONAS

"Excelente consejo para cualquiera que quiera mejorar su imagen y huella digital. Esencial para aquellos en búsqueda de trabajo."
- Lisa Cochrane, Vicepresidente Senior de Marketing, Allstate Insurance Corp.

"Josh ha creado una fórmula que los estudiantes pueden utilizar para construir un portafolio en línea para destacarse en forma positiva."
- Julie Mossler, Jefe de Comunicación Global, Waze (adquirida por Google)

El consejo de Josh es práctico. Esta es una lectura OBLIGADA para aquellos que aplican a la universidad.
- James Ellis, Decano de Marshall School of Business de la USC

"Este libro te ayudará a cambiar tu pensamiento sobre tu huella digital".
- Satnam Narang, Gerente Senior de Respuesta de Seguridad, Symantec

"Además de usar Instagram, Twitter y Facebook como portafolio, Josh da a los estudiantes sugerencias para mantener su información privada. Todos obtienen un mapa de ruta que pueden utilizar para asegurarse de brillar en línea".
- Tracy Rampy, Educational Technology, Southeast Kansas Education Service Center – Greenbush

"A nuestros chicos les alivió que alguien les dijera,

LO QUE LAS PERSONAS DICEN

'oye, está bien usarlos (los medios sociales), y puedes presentarte en forma positiva a tus futuros empeños en cuanto a la universidad, tu carrera, o el voluntariado'. En lugar de decir 'son malos, aléjense de ellos, etc." Josh hizo que muchos estudiantes y adultos entendiéramos cosas que nunca habíamos considerado en cuanto a la seguridad.

Esta es una excelente manera proactiva de combatir el ciberacoso: mostrarle a los chicos cómo hacerlo bien y explicarles que hacerlo 'de otra manera' puede tener un impacto duradero más allá de meterte en problemas con tus padres o la escuela".

- Mollie McNally, Asistente de Dirección, Blue Valley High School

"En el mundo de hoy en el que se puede copiar y pegar cualquier cosa en un instante, es crucial enseñarle a los jóvenes cómo ser ciudadanos digitales seguros, inteligentes y éticos. Este libro equipa a los padres con consejos y herramientas prácticas para enseñar a sus hijos a prosperar en el mundo digital".

- Caroline Knorr, Editora de Temas de Familia, Common Sense Media

"Josh Ochs habla de que los estudiantes deben estar más conscientes de lo que publican y usar los medios sociales para impresionar a universidades y empleadores. Como dice Ochs, 'cada publicación es como un botón de un elevador, tienen la habilidad de llevar a hacia arriba o hacia abajo'. Cualquier cosa que lleve a alguien hacia abajo es una publicación desperdiciada, dice él".

- Colleen Williamson, Reportero Senior, Parsons Sun Publishing

Como el antiguo jefe de Josh y Gerente de Marca en The Walt Disney Company, he presenciado las destrezas interpersonales de Josh y lo he visto crecer por más de una década. Envié a Josh a proyectos difíciles porque su habilidad de ganarse la buena voluntad de nuestros ejecutivos era una ventaja para nuestra empresa. En mi experiencia, tiene la credibilidad para conducir a sus hijos a brillar en línea. Me complace ver a Josh compartiendo sus estrategias ganadoras tan liberalmente.

–John Hanna
ex Gerente de Marca
The Walt Disney Company

Seguro, Atento y Simpático®

Cómo utilizar los medios sociales para impresionar a universidades y a futuros empleadores

por Josh Ochs

Publicado por MediaLeaders.com

Traducido al español por José Omar Fuentes
Editado por Laura Massignani

Paperback ISBN-10: 9884403935
Paperback ISBN-13: 978-0-9884039-3-2

Dedico este libro a mi abuela, Nadine.
Siempre atesoraré nuestras conversaciones previas a mis discursos.
Te amo.

TÉRMINOS QUE SUS HIJOS PUEDEN ESTAR UTILIZANDO

Tuits (Tweets): Mensajes de 140 caracteres que se publican en Twitter.

Hashtag: Etiqueta de almohadilla. En sitios de medios sociales como Twitter, es una palabra o frase precedida por una almohadilla (#) y se utiliza para identificar mensajes de un tema específico. Cuando el símbolo de almohadilla es utilizado junto a una palabra, esa palabra se convierte en un link y al hacer clic redirige a una lista de otras personas y publicaciones que están utilizando el mismo hashtag. Es más fácil buscar conversaciones sobre ese tema cuando se utiliza hashtag.

Selfie: Autofoto; término empleado para referirse a las fotografías que uno toma de sí mismo, solo o en compañía de otros, extendiendo el brazo para sostener la cámara. En general son tomadas con teléfonos móviles, tabletas o cámaras web.

TABLA DE CONTENIDOS

CÓMO APROVECHAR ESTE LIBRO AL MÁXIMO

Querido lector, gracias por leer este libro. Me siento honrado de que se haya tomado el tiempo de escuchar mi mensaje.

Visite SafeSmartSocial.com/libro para registrar este libro gratuitamente y le enviaremos videos y herramientas para ayudar a sus estudiantes a utilizar los medios sociales para impresionar a universidades y empleadores.

Como regalo adicional, le enviaré por correo electrónico todos los puntos clave de este libro para que los use como hoja de referencia en el futuro.

Gracias por tomarse el tiempo de registrar su libro y apoyar mi trabajo,

@JoshOchs

INTRODUCCIÓN

E n los últimos años, he tenido la gran oportunidad de trabajar con algunas de las mejores marcas del mundo. Mi equipo y yo desarrollamos e implementamos técnicas para ayudar a estas compañías a brillar en línea. ¡Y lo han hecho! Al emplear unas cuantas estrategias de medios sociales, estas grandes empresas están encontrando los clientes que quieren y se merecen.

Rápidamente me di cuenta de que mis técnicas serían valiosas para las familias que están preparando a sus hijos para la universidad. Muchos jóvenes no tienen idea de cómo los demás podrían ver su huella digital y cómo las percepciones de otros pueden frenar su avance.

Durante una encuesta telefónica de Kaplan en 2013, el 31% de los oficiales de admisiones universitarias dijo que sí visitaba Facebook y otras páginas de medios sociales para obtener más información sobre el estudiante. El 30% dijo que había encontrado información en los medios sociales que había tenido un efecto negativo en la oportunidad de aceptación de un aspirante. Esto demuestra que cualquier cosa que coloquemos en Internet, sin importar hace cuánto tiempo, puede surgir en la primera página de resultados de Google y tenemos que estar atentos a lo que permitimos que otros vean.[1]

En este libro, usted recibirá las mismas estrategias que he utilizado para ayudar a muchas empresas de éxito, pero adaptadas a estudiantes y futuros líderes, para ayudarles a impresionar a universidades y a futuros empleadores. Ya que he viajado por el país durante el último año y he hablado con más de 20,000 estudiantes, la respuesta ha sido clara: estos métodos funcionan y ayudan a los niños a mostrar lo mejor de su persona en línea. El emplear estos métodos mantienen sus imágenes y publicaciones en línea Seguras, Atentas y Simpáticas®, lo cual permite que las universidades y los empleadores encuentren a las mejores personas para representar a su institución después de la graduación. Su hijo puede estar entre ellas. Existe un mercado competitivo ahí afuera, ¡así que evitemos que lo descalifiquen de algo a lo que aspiraba sin siquiera haber tenido una chance real de ser entrevistado para la oportunidad!

Nunca es demasiado temprano para comenzar a planificar el futuro. Sus hijos tal vez no estén pensando en ello, pero sin duda usted comprende por experiencia que lo que hacemos ahora puede tener efectos duraderos. Al menos, lo que haga ahora establecerá las bases de los hábitos que tendrá por años. Incluso si sus hijos no están todavía inmersos en las redes sociales, su reputación en línea comenzará tan pronto sus amigos estén en línea y publiquen fotos de ellos, etiquetándolos.

Por lo tanto, ¡hay mucho que considerar! Puesto que los padres tienen tiempo limitado, este libro no está diseñado para enseñar todo lo relacionado con los medios sociales. No estoy aquí para darle una lista de las 100 cosas que no hay hacer en las redes sociales. En cambio, mi objetivo es que los estudiantes y los padres de familia puedan ojear las páginas de este libro y ser capaces de obtener uno o dos consejos útiles que hagan una gran diferencia.

¿Qué logros desea alcanzar su hijo en los próximos cinco años?

· Entrar a la universidad
· Obtener una beca completa

- Pertenecer a un equipo deportivo universitario
- Tener la oportunidad de estudiar en el extranjero
- Obtener un premio de liderazgo
- Hacer servicio comunitario
- Entrar en una prestigiosa escuela preparatoria
- Obtener una pasantía que despegue su carrera

Si alguno de estos aplicara en su caso, entonces usted necesita prestar atención a todos los mensajes que envía su hijo en los medios sociales. Es muy probable que el 50% de sus *tuits** tal vez no le ayude a alcanzar sus metas. Tienen que permanecer atentos.

***Tuits:** Mensajes de 140 caracteres que se publican en Twitter.

¿Cómo aprovechar al máximo este libro?

También he creado decenas de videos a los que puede obtener acceso gratis al registrar su libro.

Visite SafeSmartSocial.com/libro para registrar su ejemplar gratuitamente y le enviaré videos y herramientas para utilizar los medios sociales para impresionar a universidades y empleadores. Como bono adicional, al registrarse le enviaré por correo electrónico todos los puntos clave de este libro para que los use como hoja de referencia en el futuro. Asimismo, si bien este libro utiliza notas y bibliografía, entiendo que sería engorroso escribir los enlaces de Internet para visitar directamente la fuente del material. Con esto en mente, he creado una página en SafeSmartSocial.com/research donde estarán ubicados y actualizados estos enlaces para poder verlos con sólo un par de clics.

Por último, para comenzar tus cuentas de redes sociales con imágenes positivas, te aliento a tomarte una foto Segura, Atenta y Simpática® en la que estés sosteniendo este libro. Luego etiquétame (@JoshOchs) en Instagram o Twitter y compartiré la imagen en mi cuenta de Twitter con más de

50,000 seguidores.

Gracias por apoyar mi libro y por dar el siguiente paso para brillar en línea.

Sinceramente,

Josh Ochs
@JoshOchs

PRÓLOGO

Padres: Si sus hijos están despotricando contra otros en los medios sociales, por favor piensen en dialogar con ellos. Las ideas en este libro no son adecuadas para los jóvenes que son víctimas de acoso o que están utilizando los medios sociales como una manera de expresar sus sentimientos.

Joven: Si eres víctima de acoso (bullying) o quieres hablar de algo con una persona de verdad, aquí hay unos cuantos números a los que puedes llamar. Hay personas verdaderas que escucharán tus preocupaciones en lugar de que las compartas en los medios sociales.

Considera llamar a una línea de ayuda cuando necesites compartir cualquier cosa o recibir ayuda sobre algo que nunca quisieras que se haga público. Ten en mente (y padres, asegúrense de que sus hijos estén informados de) las siguientes líneas de apoyo gratuitas a las que puedes llamar en momentos de estrés y cuando sientas que has perdido la esperanza:

Estados Unidos

1-800-273-TALK (8255) Suicide Prevention Lifeline (inglés)

1-888-628-9454 Red Nacional de Prevención del Suicidio (ayuda en español)

(205) 328-5437 Kids Help Line (inglés) es una división de Crisis Center en Birmingham, Alabama. Cualquiera puede llamar 2-3 veces al día para hablar sobre cualquier preocupación. Para evitar cargos de larga distancia, se puede llamar gratuitamente desde una cuenta de Gmail u otros servicios VoIP.

CrisisChat.org (inglés) Este es un servicio en línea para hablar con alguien desde tu computadora.

México

SAPTEL-Cruz Roja Mexicana es un servicio gratuito de salud mental y medicina a distancia con 17 años de experiencia. Atienden de lunes a domingo de 9 a 21 horas. SAPTEL es un programa profesional atendido por psicólogos seleccionados, entrenados, capacitados y supervisados que proporcionan servicios de orientación, referencia, apoyo psicológico, consejo psicoterapéutico e intervención en crisis emocional a través del teléfono.

(55) 52-59-81-21

01-800-472-78-35

Internacional:

Teléfono de la Esperanza es una ONG cuya misión es ser una entidad de voluntariado pionera en la promoción de la salud emocional y, especialmente, de las personas en situación de crisis individual, familiar o psico-social, sobre todo dentro del mundo hispano-luso hablante. Fundada oficialmente en 1971, el Teléfono de la Esperanza está presente en **30 provincias españolas,** en **Oporto** (Portugal) y en **9 países de Latinoamérica.** También está funcionando en **Zúrich** (Suiza) como recurso de ayuda para el numeroso colectivo de hispano-luso hablantes y están adelantados centros similares en **Miami** (EEUU) y **París** (Francia).

Su página de Internet es www.telefonodelaesperanza.org.

Puedes encontrar una lista actualizada de sus números de atención en: www.telefonodelaesperanza.org/llamanos.

CAPÍTULO UNO
Cómo los medios sociales pueden perjudicar el futuro de su hijo

Adonde sea que vaya, llego en segundo lugar. Mi reputación me precede, y a veces no paga la cuenta. – Jarod Kintz

C asi todos los estudiantes han oído relatos atemorizantes. A inicios del año escolar, un consejero universitario de BASIS le contó a su clase acerca de un estudiante a quien le revocaron la admisión a una universidad de élite cuando lo descubrieron hablando mal de ella en Facebook. En el Williams College, se le retiró la admisión a un estudiante porque escribió comentarios despectivos en un foro de discusión universitario. En la Universidad de Georgia, cuando un oficial de admisiones descubrió la cuenta de Twitter cargada de racismo de un candidato, tomó una captura de pantalla y agregó los tuits al expediente de solicitud del estudiante.[2]

Si usted cree que sus hijos no tienen muchos seguidores y que nunca los encontrarán, investigue un poco sobre el descuidado tuit que escribió Justine Sacco mientras abordaba un vuelo de 14 horas. Pasó de tener menos de 200 seguidores a tener el *hashtag** número uno en las tendencias de Twitter antes de que aterrizara su avión – lo cual significa que

***Hashtag:** Etiqueta de almohadilla. En sitios de medios sociales como Twitter, es una palabra o frase precedida por una almohadilla (#)

y se utiliza para identificar mensajes de un tema específico. Cuando el símbolo de almohadilla es utilizado junto a una palabra, esa palabra se convierte en un link y al hacer clic redirige a una lista de otras personas y publicaciones que están utilizando el mismo hashtag. Es más fácil buscar conversaciones sobre ese tema cuando se utiliza hashtag.

millones de personas lo vieron. Ya sea que usted crea que fue descuidada o que la trataron injustamente, hay algo que no se puede negar: los medios sociales permiten que miles de personas escriban una avalancha de comentarios que pueden arruinar una imagen en Internet en muy poco tiempo.[3]

¿Ha presentado alguna vez una solicitud para un trabajo, una beca u otra oportunidad que anhelaba, pensando que la tenía asegurada pero nunca le contestaron y se preguntó por qué? ¿Por qué, si usted es alguien excepcional, y su presentación fue tan buena, y estaba tan bien calificado, no lo llamaron? Tal vez su karma se estaba tomando un descanso, tal vez alguien aún más calificado lo hizo mejor o tal vez fue un caso de ASO: El Asesino Silencioso de Oportunidades.

Aunque los medios sociales se pueden usar para bien, y deberían usarse, no perdonan mucho. Los mensajes que usted ha olvidado o que asume que están ocultos porque los reemplazó por nuevo contenido, pueden descubrirse fácilmente (hablaremos de esto al final del capítulo) y pueden cambiar completamente la idea que alguien tiene de su hijo. Los mensajes escritos en un mal momento, sin atención a la realidad, mal redactados, impulsivos, desagradables o simplemente que no son una buena representación de la persona pueden perjudicar la propia reputación y, si los descubren los potenciales empleadores o las universidades, pueden acabar silenciosamente con su oportunidad.

Con tantos sitios de medios sociales – Tumblr, Snapchat, Yik Yak, Facebook, Twitter, Instagram, Pinterest, Vine,

Medium – los preadolescentes y los adolescentes crean y envían muchas publicaciones a los medios sociales. Esto representa muchas oportunidades para cometer un error. ¿Se cuidan de no bajar la guardia? ¿Se mantienen Seguros, Atentos y Simpáticos®? Si están usando Snapchat, es probable que no, ya que puede que se confíen demasiado con la función integrada de expiración. Los mensajes de Snapchat tienen una duración definida. Cuando las fotos o videos que se han enviado a una persona alcanzan su duración límite, esas imágenes se borrarán del teléfono móvil de la persona que los recibió de manera automática. Sin embargo, la gente puede, en un segundo, tomar una captura de pantalla de una foto de Snapchat antes de que expire y colocarla en algún sitio donde existirá para siempre.

Su reputación depende de sus últimos 10 tuits y/o de la primera página de sus resultados en Google. Esos primeros mensajes o tuits que aparecen en el perfil de su hijo son los que dejarán la impresión más duradera. Cada tuit, en las circunstancias adecuadas, conlleva la posibilidad de que los despidan o los retiren del proceso de admisión a la universidad, o de que los rechacen aún después de una aceptación formal. También es importante que su hijo se mantenga Seguro, Atento y Simpático® mucho más allá de su primer semestre. Todavía tendrán que competir por pasantías, estudios en el exterior, y empleos.

En defensa de mi argumento

Tal vez piense: "No estoy muy preocupado. Mi hijo no publica fotos sin ropa, ni fotos en fiestas ni insulta a la gente ni dice cosas descaradamente racistas en línea". Pero lo que usted necesita saber es que no es suficiente evitar los mensajes controversiales. Aún si evitan bromas ambiguas que pudieran entenderse como racistas o abusivas, existen otros peligros que son especialmente difíciles de evitar para los jóvenes que están creciendo alrededor de los medios sociales. Sus identidades permanecen inestables, ya que todavía están en formación. La información que no les importa que la gente conozca sobre ellos a los 14 años puede cambiar demasiado cuando tengan 18 años de edad. Sus opiniones cambian. Sus metas cambian a medida que pasan por nuevas experiencias. A medida que sus cerebros se desarrollan después de los 20 años de edad, se acercan a tener un mejor control sobre sus impulsos.

Quizás sus hijos simplemente estén publicando contenido que los desvíen de sus objetivos y que no se acerque a la impresión general que desean dejar ante los asesores de admisión. Nunca nadie ha dicho eso.

> *"Esta estudiante tiene un promedio de notas ligera-mente inferior al de sus compañeros, pero vi su perfil de Instagram y tiene 25 selfies* y muchos comentar-ios de sus amigos... seguramente es muy divertida y una gran persona. Entre cientos de otros candidatos, démosle una de las pocas entrevistas disponibles en segunda ronda y confiemos que es una mejor candi-data que alguien que tiene una imagen más profe-sional en Internet."*

* Selfie: Autofoto; término empleado para referirse a las foto-grafías que uno toma de sí mismo, solo o en compañía de otros, extendiendo el brazo para sostener la cámara. En general son tomadas con teléfonos móviles, tabletas o cámaras web.

Su hijo podrá tener las notas más altas de su clase, pero si alguien encuentra sus fotos de concursos de comer pasteles, de parrilladas en el patio trasero y de comidas al aire libre en eventos deportivos, estas fotos no contribuirán a la imagen que quiere crear: la de alguien estudioso, de formación completa, caritativo, y que cuida bien de sí mismo. No hay nada malo en parecer alguien que sabe cómo pasarla bien, pero las universidades buscan estudiantes, no amigos para divertirse. Es importante que el contenido se acerque a reflejar la imagen que se quiere presentar a los empleadores y asesores. 90% estudioso, 10% alguien que sabe divertirse.

Digamos que su hijo hace un buen trabajo con su identidad en el marco de los medios sociales, y lo aceptan a la universidad. ¡Su trabajo no ha terminado! Debe permanecer alerta y supervisar su imagen porque todavía pueden rechazarlo.

El New York Times entrevistó al decano de admisiones de la Universidad Colgate, Gary L. Ross, sobre el proceso de admisión universitario. Según parece, Colgate había admitido a un estudiante, hasta que vieron en Internet que estaba conectado a un incidente relacionado con alcohol. Contactaron al estudiante, verificaron los detalles del incidente y revocaron su admisión. Esto demuestra que el contenido que está en línea es de dominio público y al cual todos pueden acceder.[4]

Recuerde: Hay otros jóvenes que están intentando entrar en las mismas universidades prestigiosas y de élite que su hijo. Ellos también han trabajado arduamente en la secundaria, han tomado clases avanzadas y han participado en servicio comunitario y en actividades extracurriculares. Tal vez tengan un promedio perfecto de notas, o incluso mayor (al igual que su hijo). La gran ventaja del otro estudiante puede ser que le haya prestado más atención a su imagen en Internet, y fue proactivo al mantener una presencia limpia en línea.

Esta es una analogía: **Sus hijos están construyendo un camino con ladrillos amarillos que es fácil de seguir.**

En la película de 1939 El Mago de Oz, a Dorothy le dicen que si se mantiene en el camino de ladrillos amarillos, descubrirá más sobre el mago que busca. La presencia en medios sociales de su hijo es muy similar a ese camino de ladrillos amarillos. Las universidades son como Dorothy y su hijo es como el mago. **Cada cosa que publica su hijo es como**

uno de esos ladrillos. Juntos forman un camino con curvas que las universidades pueden seguir para descubrir más sobre quién es realmente su hijo. Imagine que algunos de los ladrillos fueran de piedra gris áspera en lugar de bloques de oro. El defecto en el diseño de las piedras grises sería tan evidente que esas piedras destacarían en la memoria, y tal vez Dorothy dejaría el camino por otro camino de ladrillos amarillos cercano, uno con enladrillado perfecto. Queremos que Dorothy, es decir, las universidades, no dejen ese camino, ladrillo amarillo a ladrillo amarillo, hasta que lleguen a una idea sobre quién es en realidad el mago – el atleta, el voluntario, el artista, el aspirante que lo merece – su hijo.

Planificar por adelantado

Si sus hijos están pequeños, puede ser un buen momento para empezar a elaborar un plan de diez años con ellos. No tiene que ser algo concreto ahora que tienen 6 o 7 años, pero se debe construir un fundamento y debería hacerse más claro a medida que crecen. ¿En qué clubes desean participar en la escuela media? ¿Qué deportes desean practicar? En algunos sistemas escolares, a los estudiantes se les introduce a los deportes de competición en octavo grado, si no antes. Si usted y su hijo consideran practicar un deporte en serio, deberían empezar ya.

Si quiere asistir a una escuela secundaria privada, necesitan construir un portafolio de logros en la escuela media al involucrarse en clubes, equipos, en la comunidad en general, organizaciones religiosas, etc. Todo eso se puede comenzar incluso antes de que entren a la escuela media.

En los años que se avecinan, los currículums serán algo del pasado. El dueño de la nueva imagen en línea de su hijo será Google y cualquier otro motor de búsqueda que quiera mantener una copia de los datos de su hijo. Los primeros lugares que visitarán las universidades y los empleadores al investigar a sus hijos serán Google, YouTube, Imágenes de Google, Facebook, Instagram, Twitter, y cualquier otra red nueva que haga pública su información.

Cómo el contenido que ha publicado puede perseguirlo por siempre

¿Alguna vez ha utilizado una pizarra blanca sólo para darse cuenta de que accidentalmente usó un plumón permanente en lugar de un plumón borrable? Hubiera sido tan sencillo y fácil revisarlo dos veces... pero también es fácil no pensar en revisar. Publicar contenido en línea puede ser así. Puede ser vergonzoso dejar un mensaje permanente en una pizarra de la oficina para que todos lo vean, pero se puede borrar (consejo de un experto: ¡al escribirle encima con un plumón borrable!). El contenido de los medios sociales puede durar para siempre.

Tal vez piense, ¡Pero si Internet es enorme! ¿Cómo pueden encontrar tanto sobre uno? ¿Y si lo borro? Si sólo fuera tan sencillo...

Primero, es importante entender cómo funciona la búsqueda en Google. Claro, si alguien simplemente busca su nombre, particularmente si usted tiene un nombre común como "Pérez", no se puede encontrar mucho. Pero digamos que su hijo es David Pérez y que vive en Nueva York. Asiste a la Secundaria Super Duper, donde juega basquetbol. Le gusta la música de Morrissey. El asesor de admisiones puede buscar una combinación de esa información y encontrar una cuenta de Tumblr, un blog, o un perfil en un foro de admiradores de Morrissey. En el foro usa un sobrenombre: SuperDuper567. El asesor de admisiones ahora intenta buscar "SuperDuper567", a sabiendas de que las personas tienden a reutilizar el mismo sobrenombre en otros lugares de Internet. El asesor descubre la cuenta de YouTube de David. Ha escrito algunos mensajes ofensivos. ¡Ups!

También es posible encontrar a David buscando su dirección de correo electrónico. Una amiga mía estaba emocionada porque tenía una cita con un prometedor y joven poeta que recientemente había ganado un importante premio nacional de poesía. Lo buscó en Google por medio de su dirección de correo electrónico y descubrió un blog en Live Journal que había empezado cuando tenía 19 años. Ahora él estaba en sus treintas y le avergonzaba que todavía fuera público y que fuese tan fácil de encontrar.

¡Eso no es todo! Usted también necesita conocer las maneras en que el contenido se hace permanente, escrito en la piedra que es Internet:

1.   **La Wayback Machine.** archive.org/web/ guarda una copia de cada sitio de Internet tomándoles una fotografía instantánea. Si su hijo tiene o ha tenido un blog, escriba la dirección del blog en la barra de búsqueda de esta página. Luego, le dirá cuántas capturas hay. Haga clic en ese enlace y verá calendarios de cada mes, con algunas fechas en círculos azules. Puede hacer clic en esas fechas y ver una imagen del blog. Puede navegar por el blog como si estuviera en el propio sitio. La única manera de deshacerse de este archivo es ser dueño del dominio (dirección del sitio de Internet) de la página para siempre y probar esto al personal del Internet Archive y pedirles que retiren la dirección de su archivo.

2.   **El cache de Google.** Google también captura una imagen de cada página de Internet y la mantiene disponible en un cache. Cuando usted busca cualquier cosa en Google, a menudo verá una pequeña flecha que apunta hacia abajo a la par del enlace verde bajo el título de la página de Internet. Si hace clic en la fecha, verá la opción en el caché. Esto quiere decir que aún si su hijo borrara información en un sitio de medios sociales, todavía puede aparecer en los resultados de la búsqueda, en el caché, disponible como una foto de la página. A veces se puede lograr que Google borre páginas de su caché si están causando daños, pero no es fácil.

3.   **Capturas de pantalla.** Internet también es como el Viejo Oeste. Publique algo en los medios sociales que a alguien le parezca controversial o incriminador y en segundos alguien podría haber hecho una captura de pantalla – como una foto

– del contenido, la cual quedará automáticamente guardada en el escritorio de su ordenador. Estos contenidos a menudo aparecen en un sitio de Internet llamado Reddit, donde hay usuarios anónimos que no enfrentan las consecuencias de avergonzar al creador original del contenido (por ejemplo, su hijo) al publicar las capturas de pantalla del contenido, como un tuit. Una foto que se publica también se pueden convertir en un "meme" – una foto viral con una leyenda chistosa que se extiende por Internet como reguero de pólvora. Una vez que algo llega a Reddit, es muy probable que se extienda a Facebook y a otros sitios. Algunas personas, como Justine Sacco, con menos de 200 seguidores en Twitter, han visto cómo su contenido ha alcanzado a cientos de miles de personas en menos de una hora. Simplemente no hay manera de recuperar ese contenido.

4.   **Blogueros**. Cualquier contenido en línea que ofenda a ciertas comunidades seguramente aparecerá en un blog de forma inmediata. Los blogueros se benefician al publicar contenido reciente que sea controversial.

Los mensajes en medios sociales son como tatuajes digitales. Tatuarse la cara puede ser una buena decisión para el cantante principal de una banda de punk, ya que le da visibilidad y credibilidad en las comunidades punk, llevándole a tener gran éxito como artista punk. Pero si esa persona quiere, en un futuro, ser maestro de escuela primaria, juez de un tribunal, o enfermera, ese tatuaje en la cara podría ser una gran desventaja en su vida, clamando "¡Yo no encajo en esta comunidad! ¡No podrán identificarse conmigo!"

Siempre nos catalogamos de alguna forma de acuerdo a la manera en que nos vestimos, cómo hablamos, cómo nos vemos. Esto no quiere decir que podemos juzgar a alguien en base a cómo se ve o en base a algo que haya dicho. Más bien, la manera en que nos presentamos es una forma conveniente de enviar señales a otras personas en las comunidades a las que queremos pertenecer, indicando que tenemos intereses y metas en común.

La manera en que uno se cataloga en Internet puede afectar el resto de su vida. Sus tatuajes digitales son vistos por las universidades y empleadores desde su punto de vista, sin la historia ni los motivos que los antecedieron. Asegúrese de que el tatuaje digital de su hijo sea inequívocamente positivo o por lo menos neutral para que no limite sus opciones ahora o más tarde en la vida, y le permita mantener abiertas sus opciones en cuanto a cómo se cataloga.

En este momento, su hijo podrá tener 13 o 14 años, o incluso menos, si es que usted desea llevar ventaja (lo cual es excelente, ya que nunca es demasiado temprano para preocuparse sobre su imagen en Internet). Sus metas principales probablemente son pertenecer a un equipo deportivo, a un club escolar y, en el futuro cercano, entrar a la universidad. Pero, ¿qué hay después de eso? Entrar a la universidad no es el último paso. ¿Qué quiere hacer su hijo después de eso? En los siguientes 10 años, ellos querrán unirse a su club o equipo deportivo universitario favorito, obtener una pasantía que les cambie la vida, viajar con un programa de estudios en el extranjero, obtener un trabajo a medio tiempo para pagar la universidad, entrar en un programa de posgrado, finalmente graduarse de la universidad, obtener un trabajo en el mundo real, volverse funcionario público, etc. Todas éstas son excelentes ambiciones, pero el 50% de su contenido en línea podría dificultarles el alcanzar algunas de estas metas.

Visite SafeSmartSocial.com/libro para registrar este libro gratuitamente y le enviaremos videos y aportes claves para ayudar a sus estudiantes a utilizar los medios sociales para impresionar a universidades y empleadores.

Puntos clave a recordar de este capítulo:

- Aún las personas con pocos seguidores pueden ver cómo sus tuits mal planificados acaban siendo ampliamente compartidos y comentados en los medios sociales y más tarde en agencias de noticias.
- Tu reputación depende de las últimas diez cosas que hayas publicado.
- El ASO – Asesino Silencioso de Oportunidades – puede hacer que pierdas oportunidades sin que nunca te des cuenta.
- Incluso un comentario que distraiga de tu imagen puede ser un ASO. Puede parecer inofensivo, pero si no ayuda a los propósitos de una persona, funciona en detrimento de ellos.
- El Internet Archive, los caches de Google, las capturas de pantalla guardadas y replicadas en otros lugares fuera de tu control y los blogueros son las razones principales por las que el contenido normalmente no desaparece.
- Tú te catalogas frente a otros todo el tiempo, aunque no te guste ni te des cuenta. Asegúrate de que la forma en que te presentas refleje quién eres e intentas ser, y que funcionará en los próximos cinco años.
- La reputación en medios sociales de su hijo comienza cuando sus amigos entran a Internet.

CAPÍTULO DOS

Errores comunes que se cometen en los medios sociales

Aprende de los errores ajenos. No vivirás lo suficiente como para cometerlos todos. – Eleanor Roosevelt

---

"Nací y crecí en Irlanda, y me mudé a Australia por dos años con una visa de trabajo y vacaciones. Regresé a Irlanda por un año para decidir qué quería hacer con mi carrera. Luego volví a aplicar para una visa de vacaciones de seis meses en Australia para vivir con amigos hasta decidir qué quería hacer. Debo señalar que esta no era una visa de trabajo, era sólo una visa de vacaciones.

Después de viajar 24 horas desde Irlanda hasta Australia, estaba bastante cansada. Estaba pasando por inmigración cuando de repente los oficiales australianos del aeropuerto me detuvieron y me pidieron más detalles. Ellos querían saber por qué estaba de visita, por qué no tenía un vuelo de regreso y qué haría mientras estuviera allí de vacaciones sin trabajar. Les expliqué que quizás visitaría Nueva Zelanda durante los seis meses que estuviera allí. Después de darles todo mi papeleo de la visa, los oficiales me llamaron a una computadora con un explorador de Internet que tenía Facebook.com abierto en la pantalla. La mujer me dijo que pusiera mis datos. Yo pensaba, 'Es imposible que se pongan a registrar todos mis mensajes privados,' pero eso hicieron. En seguida encontraron una conversación entre una amiga y yo... ella preguntaba qué planes tenía en Australia y yo le explicaba, 'No estoy segura. Sólo necesito un descanso pero tal vez intente encontrar empleo.'"

Inmediatamente los oficiales de inmigración señalaron eso. Los oficiales de inmigración ya habían confiscado mi teléfono y procedieron a buscar el nombre de la persona con la que me encontraría en el aeropuerto para decirle que se regresara a casa, ya que yo no saldría pronto. Yo no sabía que esto estaba sucediendo.

Me llevaron a un cuarto y me entrevistaron por aproximadamente cuatro horas mientras esperaba su decisión. ¡Decidieron cancelar mi visa y prohibirme la entrada al país por tres años! ¡No estaba autorizada para visitar Australia durante tres años!

Luego me dieron una chaqueta de color naranja encendido, me escoltaron por la salida trasera del aeropuerto hasta un bus y me llevaron a un centro de detención donde tuve que permanecer hasta que contactaran a mi aerolínea para organizar mi vuelo de regreso.

Cuando llegué revisaron mis maletas y únicamente me permitieron conservar pijamas y ropa interior, y me dieron una tarjeta con $20 para gastar en la 'tienda' del centro de detención.

Pasé dos noches en el centro de detención en donde había cuatro muchachos irlandeses con sus propias historias locas. A la mañana siguiente me desperté y había una chica inglesa en mi "celda" sentada a mi lado que me miró y me dijo: "¿También estás aquí por culpa de Facebook?"

Algunas personas estaban allí por haber acuchillado o atacado a otras, pero estábamos en la misma celda.

Mi mejor opción era volar a China. Así que me fui al Aeropuerto Internacional de Guangzhou y después de aterrizar rápidamente me di cuenta de que no me permitían salir del avión. No me dieron ninguna explicación, pero después de una hora y media me permitieron desembarcar y luego me dijeron que no era bienvenida allí. China había oído que Australia no me quería y prácticamente me estaban echando sin siquiera permitirme visitar el lugar. Les dije que iba a Bali así que acordamos verbalmente que no podría regresar a China (todavía no tengo idea de qué pasó exactamente allí pero después de 11 horas en ese aeropuerto no era divertido). Se quedaron con mi pasaporte y mi equipaje hasta una hora antes de que abordara el vuelo de China a Bali."

Esa es una historia inusual de Lisa Coghlan, la amiga de una amiga. Si bien este tipo de situaciones no se dan muy a menudo, es una historia lo suficientemente dramática para que se quede en su memoria, espero, y actúe como un dispositivo emocional de tipo mnemotécnico que le haga recordar la necesidad de ser cuidadoso y permanecer atento durante actividades de medios sociales. Esto es porque, según Jobvite.com, el 93% de los reclutadores revisan las actividades en medios sociales. Kaplan informa que hasta un 30% de los reclutadores universitarios están haciendo lo mismo. ¡Es tiempo de limpiar nuestros actos antes de que se vuelva norma de los reclutadores querer convertirse en nuestros amigos en las redes sociales!

Entonces, ahora que ha pensado en lo que sus hijos quieren lograr en los años venideros, ¿qué sería decepcionante?

¿Trabajar cuatro largos años en clases avanzadas en la secundaria, participar en servicio comunitario y actividades extracurriculares, ahorrar para la universidad... todo para que los rechazara la universidad que querían? No por su promedio de notas, ¿sino por una publicación en Facebook que parece subida de tono? "¡Eso no es justo!", dirá usted. Tal vez no lo es. "Las personas no son robots. Merecen que las vean como individuos, ¡con defectos y fortalezas!" Tal vez debería ser así. Pero simplemente es la manera de ser de la gente cuando tienen algo que consideran valioso y tienen que decidir con quién lo compartirán.

Es como salir con alguien. Si usted volviera a salir con alguien, especialmente por Internet, ¿querría saber todo sobre la persona inmediatamente, incluyendo cómo son cuando están enojados o deprimidos? ¿Querría ver fotos de ellos en pijamas, con el pelo despeinado y oler su aliento en la mañana? La mayoría de personas diría que no, porque quieren que las cortejen y llegar a ver el lado más oscuro de su pareja con ojos de amor. Saben que nadie es perfecto, pero ese período de luna de miel es tan corto que quieren disfrutarlo mientras puedan. Queremos que nos cautiven con sus encantos. Si usted encontrara dos perfiles de citas en línea que fueran casi idénticos en todos sus aspectos positivos pero uno de ellos también compartiera detalles que lo pusieran en evidencia, lo más probable es que usted se decidiera por el perfil limpio y sin defectos, esperando que en realidad existan personas así de increíbles.

Estos es lo que hacen todos los días los oficiales de admisiones. Usted no tiene que estar de acuerdo con ello, pero sí necesita aceptar que esto sucede y entender el por qué.

Estos son algunos posibles escenarios para los aspirantes a la universidad:

Contenido de mal gusto

Christina, de 17 años, estudiante de tercer año de secundaria que está aplicando a la universidad, publica frases positivas en los medios sociales, sube fotos divertidas de amigos y retuitea tuits divertidos de celebridades. En términos generales no se comporta de forma dramática ni negativa en los medios sociales, así que piensa que lo está haciendo bien. Sin embargo, un día está viendo el show de televisión The Bachelor ("El Soltero") y, en el calor del momento ya que expulsan a su concursante favorita, tuitea: "¿Por qué escogió a Rebecca en lugar de a Susan? ¡Susan es una zorra! #bachelor". Este único tuit será el mensaje que notarán sus oficiales de admisión universitaria cuando vean su solicitud y busquen su nombre en Internet. Podrán preguntarse, ¿Será que esta estudiante es una bully (acosadora, matona)? ¿Le gusta provocar drama? ¿Es competitiva y no da su apoyo a las mujeres cuyos valores difieren de los de ella? ¿Se identifica demasiado con una tribu, al punto de ser excluyente?

Contenido no sincero y políticamente incorrecto

Justin, de 18 años, estudiante de último año de secundaria que está solicitando becas, publica fotos en Instagram de él mismo con su abuela, ayudando a sus sobrinos a aprender a leer, y jugando fútbol americano. Comparte frases inspiradoras en Twitter sobre ayudar a los demás, pensar positivamente, y mostrar empatía. Parece ser un chico sobresaliente, inusualmente maduro. Luego alguien se encuentra con un comentario suyo en Internet que dice "Los vagos simplemente se aprovechan del sistema. Consigan trabajo". Este único comentario le hará parecer falso, aunque haya sido sincero en todas sus publicaciones positivas, y desubicado al no saber que no es políticamente correcto referirse a las personas sin hogar con una palabra que suena a que no son personas. El término para esto es "otredad", y las universidades están tomando medidas en contra del lenguaje que refuerza esta noción de otredad, a medida que intentan construir ambientes más inclusivos. Si Justin no percibe el valor de extender la mano para ayudar a personas menos afortunadas, ¿por qué merecería el dinero que le obsequiaría una beca?

Contenido tonto y que distrae de la imagen

Britney es una niña prodigio de 16 años que ya está aplicando a Harvard. Sus notas son increíbles, ha ganado premios nacionales de ciencia, y es voluntaria en el refugio de animales de su localidad. Sabe que lleva ventaja sobre sus compañeros como candidata, así que no se preocupa demasiado por su reputación en Internet. Publica selfies constantemente en Instagram con caras bobas y su cuenta de Tumblr es en gran parte reblogs de fotos de gatitos usando ropa. Tiene dieciséis años, y está aplicando temprano a la universidad. Sus notas son impresionantes, pero los asesores de admisión se preguntan, ¿podrá encajar? Si tuviera 18 años, los asesores podrían pensar: "No parece ser muy seria. Parece que todo le viene fácil. Tal vez no se aplique en sus estudios para nuestro programa riguroso."

En este punto, usted debería empezar a ver cuán fácil es que su hijo arruine esta gran oportunidad de proyectar una imagen positiva, auténtica y en línea con la manera en que se 'venden' a los empleados de admisiones universitarias que están listos para evaluarlos.

Pero pensar en el futuro no debería terminar allí. Antes de que discutamos detalles específicos de lo que no hay que hacer, quiero hacer hincapié aún más en qué tan problemáticos pueden ser los medios sociales fuera de control. Observe los siguientes ejemplos de cómo el uso de medios sociales puede hacer que su vida sea innecesariamente difícil.

Cómo las fotos de una fiesta en la secundaria pueden hacer perder una beca deportiva universitaria

Cuando la Eden Prairie High School tomó medidas en contra de que los estudiantes publicaran fotos de menores de edad consumiendo alcohol en cuentas de medios sociales, llamaron a casi 100 estudiantes donde el director y los interrogaron o regañaron sobre las fotos en línea que los mostraban parrandeando, bebiendo y cosas por el estilo. Aunque algunos estudiantes negaron que estuvieran bebiendo, la ambigüedad fue suficiente para que se metieran en problemas, y en algunos casos para que los expulsaran o suspendieran. Algunos de los estudiantes perdieron oportunidades de becas ya que los sacaron de equipos deportivos durante su último año y no pudieron jugar frente a los reclutadores universitarios.[5]

Consejo táctico: Si llegas a una fiesta donde está sucediendo algo ilegal (o que te incomoda), vete de allí tan pronto como puedas. Aún si no bebes, puede que te etiqueten en fotos (o te registres [check-in] en línea con otras personas) y eso te llevará a la oficina del director para que te interroguen con los otros estudiantes. Está bien divertirse, pero lo más recomendable es permanecer alejado de cualquier fiesta con alcohol, y no darle a otros la oportunidad de que te tomen fotos en situaciones así.

Cómo perder la admisión a una universidad

Según informó el New York Times en 2013, una estudiante aspirante estaba asistiendo a una sesión de información en el Bowdoin College en Brunswick, Maine. Para sorpresa de los oficiales de admisión, esa estudiante estaba publicando comentarios groseros y degradantes de los otros estudiantes aspirantes en su cuenta de Twitter. Ya que los oficiales supervisaban cuando los mencionaban en Twitter, encontraron los comentarios de la estudiante con facilidad. Le negaron la admisión (en base a sus notas) pero los administradores dijeron que esos mensajes hubieran dificultado su ingreso, si es que se hubiera destacado más. Quedaron perplejos con el criterio de alguien que hacía comentarios tan aborrecibles de forma tan abierta.[6]

Consejo táctico: Todo lo que dices en Internet es tu diario público. Presta atención antes de decir algo negativo o hiriente ya que pueden encontrarlo todo con una búsqueda y podrías perder una gran oportunidad.

Cómo ser despedido antes de empezar un nuevo trabajo

SEGURO, ATENTO Y SIMPÁTICO®

Recientemente le ofrecieron un trabajo en Cisco a una joven. Cisco tiene más de 70,000 empleados y oficinas en los 5 continentes. Este sería un trabajo de ensueño para la mayoría de los profesionales jóvenes.

Inmediatamente después de recibir la oferta, ¿qué cree usted que hizo la joven? Entró a Twitter y publicó: "¡Cisco me acaba de ofrecer empleo! Ahora tengo que sopesar el salario jugoso contra el viaje de todos los días y odiar el trabajo."[7]

¿Cree usted que Cisco pone atención a su marca en línea? Por supuesto, especialmente ya que sus productos de tecnología necesitan un servicio al cliente veloz y el equipo de ventas siempre quiere saber qué está sucediendo en el campo. ¿Cree usted que Cisco pone atención a su marca en Twitter aunque no incluya el símbolo "@" antes de su nombre? Acertó, sí lo hace. Siempre están poniendo atención para brindar el mejor servicio al cliente. La mayoría de compañías hacen esto. Poco después de que la candidata al puesto publicó el tuit, un empleado de un puesto de responsabilidad de Cisco encontró la publicación y respondió en Twitter diciendo: "¿Quién es el gerente de recursos humanos? Estoy seguro de que les encantaría saber que odiarás el trabajo. Aquí en Cisco somos muy versados en la Web."

Por supuesto, la despidieron incluso antes de que empezara a trabajar para la empresa. Su tuit arruinó su oportunidad de tener una carrera excelente con una corporación mundial. Recibió una carta del departamento de recursos humanos notificándole que le retiraba la oferta de empleo y que no tenía que presentarse a trabajar. Tristemente, esta historia está por todo Internet. Importantes medios de comunicación tomaron los tuits y los reportaron en sus sitios. El nombre de esta joven candidata está por todo Internet cuando buscas "Cisco Fatty Paycheck."

Consejo táctico: Si te aceptan en un empleo (o en una universidad), considera llamar únicamente a tus amigos más cercanos y no anunciarlo en los medios sociales. Cuando hayas pasado la primera semana (o mes) en tu nuevo puesto, toma una foto de buen gusto agradeciendo a tu nueva universidad o empleador por la oportunidad de formar parte nueva de su familia.

Cómo ser despedido al revelar secretos empresariales en Twitter

Una joven que tuvo la oportunidad de su vida al aparecer en el show de televisión GLEE pensó que sería divertido revelar información secreta. Usó su perfil de Twitter para anunciar detalles desconocidos antes de que los nuevos episodios del show de televisión salieran al aire. Descubrió que la habían despedido cuando su productor/jefe le respondió rápidamente al tuitear: "Esperamos que estés calificada para hacer algo fuera del mundo del entretenimiento". Cuando ella anunció esta información estaba filtrando secretos de la empresa sin pensar qué le convenía a su empleador (o a su carrera).[8]

Consejo táctico: Si alguna vez quieres hablar mal de una compañía o de una persona, piensa en llamar a alguien en vez de publicarlo en Internet.

Cómo ser despedido al hacer comentarios ofensivos

El famoso comediante Gilbert Gottfried se metió en problemas al hacer una broma insensible sobre el tsunami de Japón, la cual hizo que lo despidieran de su puesto como la voz del pato Aflac. Su tuit decía: "Acabo de cortar con mi novia pero, como dicen los japoneses, 'Ya pasará flotando otra en cualquier momento'". Esto demuestra que hasta los famosos, a quienes les pagan por decir bromas de mal gusto, pueden meterse en problemas al ser descuidados.[9]

Consejo táctico: Cuando intentes ser chistoso, probablemente te estarás burlando de alguien. Considera reírte de ti mismo primero, así harás que otros se diviertan a costa tuya y en general será menos probable que alteres a alguien más. También, considera releer tus tuits dos veces y preguntarte: "¿Cómo podría salir mal esto?"

Cómo ser despedido al ignorar prácticas de seguridad

Unos empleados de Domino's pensaron que sería divertido tomar un video de ellos haciendo cosas asquerosas a la comida en el trabajo. Posteriormente lo subieron a YouTube para mostrarlo a sus amigos. Es probable que les hayan servido esa comida a los clientes, lo que desacreditó mucho a la compañía y sin duda les hizo perder al menos algunos clientes cuando el video fue descubierto a la vista de todos. Los empleados no tenían idea de que el mundo entero (ni hablar de su empleador) descubriría su pequeño video y rápidamente perdieron su empleo.[10]

Consejo táctico: Tus empleadores actuales (y futuros) pueden ver fácilmente todo lo que publicas en medios sociales. Asegúrate de vivir una vida en el trabajo que sea Segura, Atenta y Simpática®, de modo que todo lo que hagas enorgullezca a tu empleador. Está bien cometer errores honestos en el trabajo, pero pagarás caro el pensar que te saldrás con la tuya al publicar algo divertido en los medios sociales. Pregúntate a ti mismo antes de publicar: "Cuando mi jefe vea esto, ¿estará orgulloso de mi trabajo?"

Cómo perder una batalla judicial con un mensaje

Dana, una graduada de una escuela preparatoria, hizo que su papá perdiera 80,000 dólares al compartir información confidencial en Facebook. Su padre estaba en un pleito legal con la escuela preparatoria a la que ella había asistido y había ganado $10,000 en salarios atrasados y un acuerdo de $80,000, siempre y cuando los datos se mantuvieran confidenciales. Sin pensarlo, Dana pensó que sería divertido publicar en su cuenta de Facebook: "Mamá y papá ganaron el caso contra mi escuela. Ahora están pagando oficialmente mis vacaciones a Europa este verano. QUE SE AGUANTE."

Consejo táctico: Quedarse callado en los medios sociales durante un evento importante en la vida puede ser una decisión muy sabia. Ciertamente, el proceso de llegar a un acuerdo fue duro y estresante para su familia. Era razonable estar feliz porque algo bueno salió de la difícil situación. Sin embargo, al anunciar algo importante a los medios sociales, ponemos en peligro nuestra oportunidad de obtener un resultado favorable, para nosotros y para los demás.

Cómo conseguir que les roben a tus padres

En 2012, una adolescente tomó una foto de los ahorros en efectivo de su abuela, mientras le ayudaba a contar el dinero. Ella publicó esa foto en Facebook, lo que le hizo ganar un poco de atención no deseada. El mismo día, más tarde por la noche, dos ladrones armados se presentaron en la casa de los padres de la chica, a unas 75 millas (120 kilómetros) de distancia de donde ella estaba viviendo en ese momento y le robaron a la familia.

Sin embargo, la publicación descuidada de la chica le pudo haber costado a sus padres mucho más. Cuando los ladrones llegaron a la casa, exigieron hablar con la chica de Facebook. Sus padres tuvieron que decirles que ya no vivía allí. Muchas cosas podrían haber sucedido – desde que los ladrones se hubieran enojado hasta que hubieran lastimado a la familia. Por suerte sólo se llevaron una pequeña cantidad de dinero en efectivo y objetos personales y nadie resultó herido.[11]

Sugerencia táctica: No alardees en línea. Si algo parece realmente impresionante, toma una foto de ello y muéstrala a tus padres y/o amigos a través de mensajes de texto. No publiques fotos de dinero en efectivo, joyas, televisores de pantalla grande o cualquier cosa de valor. Te estás convirtiendo en un objetivo para que alguien averigüe dónde vives y recibirás atención no deseada.

Estas son algunas situaciones dramáticas que usted tal vez leyó en las noticias. "Sí", tal vez diga. "Estas fueron decisiones bastante descuidadas. Ni yo ni mi hijo haríamos algo tan imprudente o irresponsable". Esperemos que no.

Pero va más allá de eso. Aquí hay otra lista a manera de ejemplo de cosas que tanto usted como su hijo deberían evitar en los medios sociales:

· Opiniones o puntos de vista políticos.

· El fin de una relación o problemas en la misma.

· Historias de amor sentimentaloides que hagan que los demás sientan vergüenza ajena.

· Momentos de frustración en el banco/supermercado/tráfico.

· Fotos suyas con amigos o su pareja bebiendo.

Así es cómo pueden parecer estas publicaciones torpes en los medios sociales:

Puntos de vista políticos

"No puedo creer que ese político votó por ese proyecto de ley. Obviamente odian a las minorías."

Lo que parece: Habiendo sido yo mismo un candidato, sé que cada cuestión política es muy compleja. Cuando haces una afirmación indiscriminada como ésta pareces insensible, profano en la materia e incapaz de ver los matices del asunto. Aún si hay otros en el sistema político que comentan así, intenta evitar unírteles. Un mensaje como ese le dice al mundo: "No he investigado todo al respecto pero apoyaré a la primera persona que cuente su versión del asunto."

Quejas contra los jefes

"Mi jefe es un idiota. ¿Acaso soy el único que entiende lo que sucede por aquí?"

Lo que parece: Lo más probable es que tu futuro empleador (o jefe actual) vea este mensaje. Ya que muchos de tus amigos te ayudarán a buscar tu futuro trabajo, les estás diciendo a tus amigos: "Soy dramático y si me invitas a una entrevista en tu empresa, hablaré de esta forma sobre tu jefe y nos meteré a ambos en problemas". Además, asume que tu jefe actual puede ver todo lo que publicas en los medios sociales.

Estupideces sobre shows de televisión

"A Rebecca no le dieron rosa hoy en The Bachelor. ¡Ja! ¡El karma es una perra que la mordió por lo que dijo en el episodio de la semana pasada!"

Lo que parece: Este podría ser un buen mensaje para enviarle a un amigo (o comentarlo desde el sillón), pero a una universidad/empleador le dice: "Voy a ser desagradable y te atacaré cuando estés más débil". En vez de eso, considera decir algo que no haga parecer que te deleitas con el dolor de alguien. O sencillamente guarda tu comentario brusco y emocional para un mensaje de texto a un amigo.

Tu vida romántica o de soltero

"¡Las citas por Internet apestan! ¿Acaso no existen los tipos decentes?"

Lo que parece: Salir con alguien nunca es fácil. Sin embargo, esto le dice al mundo, "Estoy frustrada y busco atención". Si alguien con quien salgas en el futuro te busca en Google, ¿crees que esto es algo positivo que le atraerá? Tal vez querrán ver algo más positivo como describir una actitud o característica que admiras en alguien más.

Hablar pestes de un árbitro

"¡Qué estupidez! ¡Debería haber sido un touchdown para UCLA! ¡Estos árbitros son lo peor!"

Lo que parece: El buen espíritu deportivo pertenece tanto en el campo como en línea. Si te quejas de que las cosas no van como tú quieres le estás diciendo al mundo: "Voy a hablar pestes de cualquier persona con la que no esté de acuerdo y lo diré en público. No me inviten a su equipo ni a trabajar en su empresa."

Congestión vial

"La gente en esta ciudad no puede conducir. Un accidente detuvo toda la autopista y todo lo que quería hacer era llegar a casa para relajarme después de una largo día de trabajo".

Lo que parece: Todos llegamos a frustrarnos y el tráfico no ayuda. Sin embargo, considere ser más consciente que los demás cuando una publicación hable de circunstancias externas. Este mensaje le dice al mundo: "Aunque tal vez alguien haya resultado gravemente herido en un accidente automovilístico, seguiré viendo al mundo únicamente desde mi punto de vista y me sentiré frustrado (en lugar de agradecer que estoy bien)."

Religión

(Evitaré dar un ejemplo para evitar ofender).

Lo que parece: Evita cualquier mensaje negativo sobre las creencias de alguien más en un poder superior. No llevará a que hagas amigos si es dogmático, o logrará que únicamente consigas amigos iguales a ti, lo cual limitará tu habilidad de progresar en el mundo y trabajar con diversas personas.

Compartir información sensible públicamente (en lugar de con tu familia/amigos)

"Para los que me conocen, mañana tengo una entrevista de primera ronda en la empresa XYZ. Muchos saben que esto es algo importante para mí y no sé que haré si no me ofrecen empleo".

Lo que parece: Esta podría ser una excelente conversación entre tú y tu familia y/o amigos, pero es muy probable que tu futuro empleador también vea este mensaje. Podría ser mejor idea esperar hasta que te responda el empleador para anunciar tu nuevo trabajo (o esperar un mes para decirle a la gente cuánto te encanta). Si pones todas tus emociones en un solo mensaje le dices al mundo: "Soy muy dependiente y no he pensado esto muy detenidamente. Puede que sea un poco inestable o dramático si esto no sale exactamente como lo planeé".

No compartas el drama de tus relaciones

"¿Qué onda con la gente que nunca reemplaza el rollo de papel higiénico? ¡Siempre es la misma gente que aprieta el tubo de crema dental desde el centro!"

Lo que parece: Si estás en una relación maravillosa, excelente. No te pases con lo que publiques en línea. Publica algunas fotos en grupo cuando asistas a eventos o citas juntos que sean Seguras, Atentas y Simpáticas®. Si no estás en una relación maravillosa, o si no estás en ninguna relación, no caigas en la trampa de escribir lo fastidioso que es ver las fotos de bebés de otra gente y lo cansado que estás de que te pregunten "¿Por qué no estás casado?" No sólo los empleadores verán estos mensajes, sino que también los verán tus hijos y les dará el mensaje que está bien publicar contenido sobre tus relaciones para conocer la reacción de tus amigos en público. Podrías usar la misma oportunidad para publicar cosas positivas sobre lo que estás haciendo, en vez de cosas negativas sobre otras personas. Si estás soltero, infeliz, o en búsqueda del amor, tal vez los medios sociales no sean el lugar para compartir lo que piensas al respecto.

¡Pareciera que hay muchas reglas sobre qué no hacer! ¿No sería más fácil si existieran algunas reglas generales para tener en mente, algunas categorías de cosas para recordar?

Fuimos adonde nuestros amigos de BrandYourself.com para recibir consejo. Nos guiaron para segmentar los posibles problemas en cuatro categorías. Las hemos modificado para que funcionen con adolescentes y preadolescentes:

Tu solicitud/currículum debe ser positivo y sin salirse del tema (Seguro, Atento y Simpático®)

Los resultados de Google deben dar a la gente la confianza que han encontrado a la persona que han estado buscando. Estos resultados deben resaltar tu nombre completo, incluir un conjunto claro de fotos tuyas como voluntario (o trabajando en proyectos escolares) y todas ellas deben contar una historia muy similar a la de tu currículum. El objetivo es que las universidades descubran que tus resultados en línea son una versión tridimensional de tu currículum/solicitud impresa. Si estás solicitando una beca para formación musical, deberían descubrir tu cuenta de YouTube en la primera página de Google con varios videos que destaquen tus interpretaciones (y tal vez un par que enseñen a otros cómo tocar un instrumento).

Si tu currículum dice que fuiste capitán del equipo de fútbol, tus resultados en línea deben mostrar esto cuidadosamente a través de fotos y enlaces relevantes. Si una universidad o un empleador hace clic en el botón de "Imágenes" en Google debería encontrar un conjunto animado de imágenes que incluyan tus proyectos de voluntariado, actividades extracurriculares y una huella positiva en medios sociales que armonice con su cultura. No deben encontrar fotos descuidadas tuyas, sino más bien un mosaico cuidadosamente elaborado de imágenes que les muestren una estampa realista de tu ética de trabajo, tu sonrisa y tu pasatiempo productivo. Alienta, felicita y realza los logros de otras personas. Nunca debes hablar negativamente o bromear con indiferencia sobre temas que giren en torno a la raza, cultura, etnia, sexo o identidad de género, discapacidad o incapacidad, orientación sexual, credo/religión, edad, clase económica o nivel educativo, afiliación política, o estilo.

Debería ser suficiente simplemente decir, "¡Sé amable y educado!", pero a veces la gente piensa que es sólo una tontería divertida hacer un comentario indiferente acerca de la ropa, raza o cultura de alguien. Es bueno estar consciente de por qué estos comentarios se consideran tan hirientes y ofensivos y, en caso de duda, ¡no lo publiques!

De fiesta (con tragos)

Las fotos que muestran consumo de alcohol, especialmente por parte de menores de edad, son una señal de alerta para una gran cantidad de empleadores y universidades. Incluso si se tratara de Coca-Cola en un vaso desechable rojo, lo que parece es que estás tomando un trago (bebida alcohólica) y que te gusta parrandear. Puede que seas una persona muy sana en la vida real, que nunca consumes alcohol si eres menor de edad (y te cuidas para no dar la impresión de que sí lo haces), pero si pasas mucho tiempo con los que sí parrandean, tus resultados de Google se mezclarán con los de ellos. Si tus amigos en la vida real sostienen tragos y a ti te etiquetan en sus fotos, pondrán tu currículum en la "pila de los parranderos". Algunas de estas fotos esparcidas a lo largo de un perfil de medios sociales (o de búsqueda de imágenes de Google) indican fuertemente que la fiesta es un pasatiempo favorito, en lugar de, por ejemplo, el voluntariado o el emprendimiento. Pero incluso si una foto pareciera que se ha colado accidentalmente, puede hacer que el evaluador se pregunte si esa única imagen es un presagio de problemas futuros.

Tonto y fuera de tema (selfies)

Su hijo podrá tener las notas más altas de su clase, pero si alguien encuentra sus fotos de concursos de comer pasteles, de parrilladas en el patio trasero y de comidas al aire libre en eventos deportivos, estas fotos no contribuirán a la imagen que quiere crear: la de alguien estudioso, productivo, innovador, caritativo y comprometido activamente con mejorar la comunidad. Si muchas de estas fotos son *selfies*, puede darle al evaluador la impresión de que su hijo no hace trabajo voluntario (y que es narcisista).

¿Quiénes son esas personas? (En otras palabras: dobles que tienen el mismo nombre de su hijo pero no son él)

Si usted busca a su hijo y otras personas aparecen en los resultados de búsqueda, este podría ser un territorio peligroso porque no puede controlar el tipo de reputación que estos otros individuos pueden tener en Internet. Si ellos se parecen a su hijo o viven en la misma ciudad, las universidades y los empleadores podrían confundirse y mezclar ambas personas. Ya sea que hayan recibido un reconocimiento por rescatar a un niño que se estaba ahogando o que hayan sido arrestados por abuso de animales, usted no quiere que los confundan con su hijo.

Usted quiere que a su hijo lo evalúen correctamente en base a lo que él puede aportar. O tal vez está claro que estas otras personas son diferentes, porque viven en otro estado, pero todavía están acaparando los resultados de búsqueda por ser famosos o infames. Si este fuera el caso, la persona que evalúe a su hijo podría simplemente darse por vencida antes de tener la oportunidad de que su hijo lo impresione (o, lo que es más probable, se frustrará porque su hijo no es fácil de encontrar, lo cual le dará una impresión negativa). ¡No queremos esto! Se considera que manejar los resultados de búsqueda de Google propios para crear una reputación positiva es una habilidad de sentido común.

Además, nos gustaría agregar y destacar:

¡Corre que te etiqueto!

Es importante estar consciente de quién está etiquetando a su hijo en fotos y para qué. Si un amigo suyo le jugó una broma a alguien y etiqueta a un grupo de sus amigos en una foto de la broma, para que todos pudieran verla y comentar, el asesor o evaluador que encuentre esta publicación puede no darse cuenta de que su hijo etiquetado en la foto no era una parte de la broma en sí.

Evita los temas políticos

Esto podría ir junto a con mantenerse Seguro, Atento y Simpático® pero merece énfasis. Así está la cosa: debido a que el país está dividido por la mitad en cuanto a la mayoría de cuestiones políticas, asegúrese de que su hijo sopese el riesgo de compartir cualquier punto de vista político en cualquier lugar de los medios sociales. Y que usted también tome en cuenta el riesgo de hacer eso usted mismo: si habla de política en su página de Facebook, sus hijos se van a sentir más cómodos al compartir sus propias opiniones controversiales con sus amigos en línea. Es probable que, si son demócratas, el trabajo al que estén aplicando tenga un jefe republicano. No importa de qué lado esté, usted tiene un 50% de probabilidad de estar en el campo opuesto de la persona a la que usted o su hijo están tratando de impresionar. La mayoría de la gente nunca tiene esto en cuenta cuando escribe en los medios sociales.

La mayoría de la gente, cuando habla de política, apoya vehementemente o incluso se pone a la defensiva en cuanto a su punto de vista. Naturalmente, nadie quiere sentir que su visión del mundo está equivocada. En vista de que las peroratas políticas pueden sacar a la luz algunas de nuestras opiniones más profundamente arraigadas, no siempre suceden de manera racional. Normalmente carecen de comunicación entre ambas partes sobre los hechos. Las peroratas políticas también pueden dar una imagen muy negativa, sobre todo cuando usted está profundamente convencido de un tema ante la mirada del público. Su hijo podría estar planeando una carrera en la escritura o la política, donde es importante conocer, interesarse e incluso apasionarse por estos temas para demostrar credibilidad y hacerse un buen nombre. Si este es el caso, sigue siendo una buena idea ser extra cuidadoso para no parecer que uno es de opinión inamovible, se enoja y es altanero como la mayoría de las personas lo son cuando discuten acerca de las ideas que más estiman.

Si su hijo demuestra que toma en cuenta ambos lados, muestra cierta consideración y empatía hacia ideas opuestas que, recuerde, provienen de otras personas, esto puede hacer que destaque por ser particularmente inteligente y amable. Pero es difícil para las personas hacer esto correctamente, y aún más difícil para los más jóvenes que son personas de emociones intensas y son más propensos a pensar en blanco y negro. Por lo tanto, recuerde su objetivo final: entrar en la universidad/pasantía/trabajo de su elección. Y recuerde que, dado que alrededor de la mitad del país piensa diferente a usted, dependiendo de donde viva, hay una gran posibilidad de ofender al 50% de las personas.

Lo peor es si usted escribe una diatriba política que diga: "No puedo creer que este político quiera reprimir a la gente ... todo el mundo que votó así debe ser malvado...". Y sin embargo, otra persona, ya sea que esté en lo correcto o no, no estará de acuerdo con usted y habrá creado un asesino silencioso de oportunidad (ASO).

Un ASO es lo mismo que llevar colgado un letrero que dice: "Tengo una nube dramática sobre mi cabeza, por favor quítense de mi camino". ¿Crees que tus amigos o futuro empleador comentarán tus mensajes en busca de más información sobre por qué estás tan convencido, tratando de ver tu punto de vista? No, simplemente tomarán una nota mental de que estás dispuesto a compartir tu opinión personal en tus cuentas de medios sociales para que todos la vean (y muchas veces esa opinión proviene de alguna manera de una mente cerrada). Por cada persona que esté de acuerdo contigo en la política, lo más probable es que haya al menos dos que se sentirán ofendidas y tomarán nota de tu postura. A veces, incluso personas con tu misma postura notarán lo dramático que eres en cuanto a tu "argumento" y evitarán hacer comentarios, ya que esto puede arrastrarlos hacia tu nivel y hacer que se vean descuidados en cuanto a su imagen en línea.

Estas son cosas de las que deben cuidarse sus hijos. Pero también ustedes, padres, pueden afectar negativamente las posibilidades de sus hijos.

Los padres deben considerar no comentar sobre las publicaciones de sus hijos.

Si usted se convierte en amigo de sus hijos, por favor considere simplemente leer sus mensajes y darles un poco de espacio en línea. No sólo podría su comentario desacertado afectar las oportunidades de ellos, también necesitan espacio para no sentirse sofocados. Hacer que un hijo se sienta sofocado en línea probablemente lo avergonzará y le hará trabajar duro para ocultarle sus actividades en línea. "No mate a la gallina de los huevos de oro". En su lugar, trate de no comentar sobre la mayor parte de sus publicaciones. La mejor manera de mantener su conexión de amistad en línea con sus hijos en cada red específica es evitar sofocarlos. Al igual que en la vida real, donde usted le da espacio a los niños para que corran mientras observa desde cierta distancia para asegurarse de que no se lastimen. Les permite jugar y divertirse, al mismo tiempo que les hace sentir que pueden acudir a usted en cualquier momento. Los medios sociales deben tratase de manera similar.

Visite SafeSmartSocial.com/libro para registrar este libro gratuitamente y le enviaremos videos y aportes clave para ayudar a sus estudiantes a usar medios sociales para impresionar a universidades y empleadores.

Los puntos clave a recordar de este capítulo:
- Los oficiales públicos pueden solicitar ver el contenido de los medios sociales. Esto puede tener resultados graves.
- No compartas mensajes de quejas, religiosos, que hablan mal de alguien o de drama de relaciones.
- Mantén los mensajes positivos, sin salirse del tema, y amables. Evita cualquier cosa subida de tono o políticamente incorrecta al hacer una broma.
- Infórmate sobre lo que se considera políticamente incorrecto en estos días.
- ¡Evita las fotos de fiestas! Los jóvenes están escribiendo sus currículums un trago a la vez.
- Evita contenido tonto y que distraiga de tu imagen.
- Mantente al tanto cuando te etiqueten en fotos, configura tus cuentas para que las etiquetas tengan que ser aprobadas, y elimina o pide a otros que eliminen las etiquetas que no deseas.
- Evita los comentarios políticos. Es difícil hacerlo bien en una forma que no aleje a los demás. Lo mejor es simplemente evitarlo, si es posible.
- Crea un perfil reconocible para ti mismo en línea para que no te confundan con tus 'dobles'.
- Si su hijo está comunicándose en los medios sociales en formas que afectan a su reputación, dando la impresión de ser dependiente o que le encanta el drama, dele a conocer nuevas formas de buscar interacción y conseguir ayuda. Existen varios buenos recursos. Sólo necesita mejores herramientas.

CAPÍTULO TRES
Estrategias y publicaciones en los medios sociales que impresionan a las universidades

Al final del día, la clave más avasalladora para el éxito de un hijo es el involucramiento positivo de los padres. – Jane D. Hull

En mayo de 2009, me postulé para el ayuntamiento de la ciudad de Hermosa Beach, una pequeña comunidad costera en Los Ángeles. Mi decisión de postularme no fue fácil. Al inicio, era prácticamente un desconocido ante los líderes de la comunidad. Competía contra personas que llevaban ocho años en el cargo y candidatos con experiencia en las últimas tres contiendas, de los cuales todos ellos eran muy conocidos. Pero me dispuse a tocar 3,015 puertas, para conocer a los votantes en sus hogares y para que pudieran conocerme tan bien como conocían a la competencia.

Durante mi campaña, un amigo cercano me llamó por teléfono y me preguntó, "¿Has visto lo que alguien escribió sobre ti en Internet?" Rápidamente me busqué en Google pero no pude encontrar nada negativo. Le pregunté a mi amigo cómo encontró la información. Después de un momento de perplejidad, descubrí que mis amigos (y posiblemente los votantes locales) veían una versión muy diferente de los resultados de Google que la mía. Tuve que avanzar a través de cinco páginas de resultados para ver los mismos resultados negativos de los que hablaban mis amigos: publicaciones en blogs escritas por dos residentes locales.

Al darme cuenta de que nunca me habían conocido, estuve profundamente convencido de que estos blogueros respetarían mi arduo trabajo y cambiarían su opinión sobre mí cuando supieran que realmente me importaba mucho la comunidad. Les envié un correo electrónico a ambos, preguntándoles si se reunirían a tomar un café conmigo en los próximos días para sentarse y hablar sobre los asuntos, pero ni me respondieron ni se reunieron conmigo.

Tenía todo el derecho de estar indignado, de sentirme injustamente calumniado y de ponerme a la defensiva cuando uno de ellos, una mujer, asistió al debate del ayuntamiento de la ciudad y me hizo una pregunta en tono mordaz, sólo con el propósito de agarrarme desprevenido. En lugar de eso, comencé diciendo, "Hola, ¿cómo te encuentras esta noche?" La traté como si fuera la única votante en la sala, interesándome genuinamente en su pregunta y su inquietud. Respondí con aplomo, fui amable e hice lo mejor que pude para que le satisficiera mi respuesta. Desafortunadamente, nada de lo que dije le hizo cambiar de opinión. Juzgando por la expresión de su cara, estaba decidida a hacer que me retorciera en el escenario. Pareció un intercambio fallido.

Sin embargo, al final del debate, una mujer muy agradable me abordó y me dijo, "Hola, Josh. Ayer no iba a votar por ti, pero ahora sí lo haré". Le agradecí y le pregunté por qué. Me respondió, "A ninguno de nosotros nos agrada esa mujer que te hizo la pregunta desagradable en el debate. De hecho, todos sabemos cómo se comporta y no estamos de acuerdo con la mayoría de las cosas que dice. Sin embargo, fuiste tan gentil con ella que aprendimos más sobre ti y no lo hubiéramos aprendido de otra manera. Descubrimos que eres amable y cortés con los que te tratan mal. Tienes mi voto, y los votos de muchos de mis amigos que estaban al fondo del salón".

Los medios sociales crean muchas oportunidades para este tipo de intercambios agresivos y hostiles, especialmente cuando la gente no tiene que ver el impacto de sus palabras en las caras de las personas a las que les hablan en línea. Para personas más jóvenes con menos experiencia en la vida, es todavía más fácil que no comprendan el impacto de sus palabras. Aún si fueran capaces de ver las caras de las personas a quienes les hablan en Tumblr y en Twitter, tal vez no entenderían el significado de esas expresiones faciales, porque no han experimentado ni el herir a la gente ni que las hieran suficientes veces para darse cuenta del impacto que tienen sobre otros. Es muy fácil ser grosero. Incluso cuando no estamos siendo groseros, la falta de entonación y el lenguaje corporal al escribir en línea puede llevar a la gente a pensar que sí lo estamos siendo.

La mayoría de personas encontrarán oportunidades en Internet para perder la calma, ceder a la tentación de hacer una broma arriesgada, compartir una foto comprometedora, o entrar en conflictos. Al permanecer Seguros, Atentos y Simpáticos® cuando sería comprensible que no lo fuéramos, es ser alguien excepcional y, por lo tanto, memorable.

Entonces, ¿cuál es una buena estrategia para manejar los medios sociales?

Kim Sanchez, ex Directora de Seguridad y Accesibilidad en Línea de Microsoft, tiene cinco consejos para tomar las riendas de tu reputación en Internet. Dice:

1. **Protege tu reputación en Internet.** Actúa en Internet de una manera que refleje la reputación que quieres ganar. No te engañes al pensar que dentro y fuera de Internet son dos mundos separados. Se mezclan entre sí y una reputación en un mundo puede alterar la reputación en el otro.

2. **Piensa antes de compartir.** Piensa en lo que publicas (especialmente fotos y videos sugestivos), con quién compartes la información y cómo reflejará en tu reputación.

No publiques nada mientras bebas, ni cuando estés tristes o enojado.

3. **Trata a los demás como quieres que te traten.** Respeta la reputación y la privacidad de otros cuando publiques cualquier cosa sobre ellos (incluyendo fotos).

4. **Considera si quieres que tus perfiles sean públicos o más privados.** Busca la configuración o las opciones para poder administrar quién puede ver tu perfil o fotos, cómo puede buscarte la gente, quién puede comentar y cómo bloquear el acceso no deseado.

5. **Reevalúa periódicamente quién puede acceder a tus páginas.** Está bien remover a aquellos que ya no pertenecen allí.

Las personas son vulnerables al sesgo negativo. Podríamos ser rayos de luz, completamente Seguros, Atentos y Simpáticos® todos los días durante meses, hasta que un día nos enfrascamos en un furioso intercambio en los medios sociales. Tal vez esto suceda sólo una o dos veces en la vida pero, ¿adivina qué es lo que recordará la gente? Solamente recordamos lo que es verdaderamente extraordinario. Así que, aún si eres una persona extraordinaria que publica contenido excelente regularmente, tal vez no sea lo que la gente recordará sobre ti si tiendes a perder los estribos o haces un comentario insensible cada cierto tiempo. Haz una pausa de cinco minutos antes de publicar un comentario de frustración.

Al igual que los jovencitos, muchos padres dan rienda suelta a su ira en Internet. Están bajo mucho estrés, así que necesitan compartirlo con alguien y expresar su frustración en Internet, que es el mejor lugar para recibir una respuesta rápida. En lugar de compartir comentarios de frustración en Internet, los padres deberían considerar seguir la regla de los cinco minutos. Primero, abra un nuevo mensaje de correo electrónico en su navegador (o en su teléfono). No escriba ninguna dirección en el campo "Para:". Luego, exprese su ira por escrito, como si estuviera desahogándose con su mejor amigo. No sea tímido, diga lo que piensa y use cualquier palabra que le haga sentirse mejor (a veces éstas no serán tan Seguras, Atentas y Simpáticas®). Por suerte, no podrá enviar este correo por error a nadie ya que no lo ha dirigido a nadie, así que podrá sentirse más cómodo al compartir lo enojado, alterado o herido que se siente debido a la situación. Luego, dele un título adecuado al correo y guárdelo como borrador. Aléjese de la computadora (o deje el teléfono) y vaya a hacer algo más al menos durante cinco minutos. Después, cinco minutos más tarde, vuelva a leer el correo y pregúntese si todavía está enojado. Si no está alterado, guarde el borrador para consultarlo en el futuro y deje de pensar en él. Sin embargo, si todavía tiene sentimientos fuertes al respecto, decida a quién llamará (o enviará un mensaje de texto) para comentar la situación. Esta persona debería ser alguien muy cercano y en quien confíe que no le dirá a nadie sobre ello.

Utilizo esta técnica cada mes cuando me frustro con alguien en el trabajo. Entre más la uso, tiendo a sentirme más feliz. Es una excelente manera de plasmar sus frustraciones "en papel" sin que lastimen su reputación (o la de alguien más).

La mayoría de las veces este borrador le permitirá desahogarse con usted mismo, sin tener que desahogarse con esa persona. Después de unos cuantos minutos, podrá ver la visión completa del asunto. ¿Por qué hicieron eso? ¿Acaso sabían que lo lastimarían? Tal vez parecía que era lo mejor que podían hacer en ese momento. Tal vez no tuvo nada que ver con usted. Tal vez haya partes de la historia que debería preguntarse antes de enfadarse tanto.

En caso de que sí necesite enfrentar a esa persona, hay que "empezar con el corazón". Esto me lo introdujo el libro Conversaciones Cruciales (McGraw-Hill), y a menudo animo a las personas a usarlo diciendo, "Quiero tener una conversación sobre cómo me hizo sentir eso." Puede continuar teniendo empatía con la persona. "Comprendo de dónde vino todo eso... y aprecio todo lo que haces con regularidad." A mí me gusta explicar mi lado de manera calmada y racional (lo cual no siempre es fácil de hacer). He aquí un ejemplo: "Tal vez no fue tu intención hacer que me sintiera así, pero así es como me sentí en consecuencia de ello." Luego explique los hechos que lo llevaron a sentirse así. Luego pregúnteles, "¿Piensas que mis sentimientos representan adecuadamente la situación?" Finalice intentando establecer lazos de empatía con ellos, y repita las aportaciones que lo llevaron a alterarse. Entonces podrá hablar de una perspectiva más amplia del asunto. Esta es mi línea favorita para referirme a la perspectiva más amplia: "...Seremos amigos mucho tiempo después de esto, solamente quería hacerte saber cómo me hizo sentir para que podamos mantenernos enfocados en el futuro y que no hayan malos entendidos entre nosotros."

A menudo soy susceptible a las acciones de otras personas hacia mí. Si alguien dice algo que me afecta, a veces me martirizo internamente durante varias horas mientras supongo lo peor. Abordar a las personas rápidamente y "empezar con el corazón" me ayuda a establecer una línea de comunicación con esa persona y rápidamente resuelve el problema (y ni hablar de que me hace sentir mucho mejor). Además, esto ha mantenido muy limpias mis cuentas de medios sociales y me ayuda a no lastimar a ninguna de mis amistades al reaccionar impulsivamente. La mayor parte del tiempo cuando tengo esta conversación con alguien, rápidamente me doy cuenta de que los había malinterpretado totalmente y rápidamente nos ponemos en sintonía.

He aquí el consejo de Facebook acerca de publicar contenido hiriente:

Es fácil dejarse llevar por el momento y escribir o hacer algo que parecía comiquísimo en ese entonces. Pero recuerda, lo que dices realmente puede herir a alguien, o puedes pagarlo caro. Piensa antes de publicar. Sólo toma uno o dos segundos. Pregúntate si en realidad quieres decirlo. Asegúrate de que no te importe que tus amigos, compañeros de escuela o maestros lo vean más tarde.

En su libro Cómo ganar amigos e influir sobre las personas Dale Carnegie describe una manera de conectar con los demás (y ahorrar tiempo e irritación) haciéndose esta única y simple pregunta antes de alterarse:

A veces me encuentro diciendo esta frase en mi cabeza por lo menos una vez por semana. Me ayuda a dar un paso atrás y a obtener una nueva perspectiva para que pueda hablar con esta persona de una manera calmada que me ayude a apreciar mejor a esa persona. Aún si se dice a usted mismo "Tal vez no entiendo su intención, puede ser que hayan tenido un mal día" esto puede ser suficiente para calmarlo.

Para los padres y los hijos, nunca es buena idea tuitear o responder en línea de una manera acalorada y que pueda ser vista de cualquier otra manera menos Segura, Atenta y Simpática®. Especialmente si usted está enfadado o tiene mucha prisa.

Antes de hacer clic en el botón de publicar, asegúrate de que tu mensaje es algo que podrías contarle a Abuelita por el teléfono. Hay muchos ejemplos de personas que han publicado algo mientras estaban alteradas, agitadas o que pensaron que era "chistoso" pero luego pagaron las consecuencias.

Jim Ellis, decano de la Escuela de Negocios Marshall de la USC da los siguientes cuatro consejos a los nuevos estudiantes universitarios:

1. **Usar los medios sociales de forma positiva.** Cuando te quejas en Internet o publicas de forma dramática, caminas en los medios sociales con una nube oscura sobre tu cabeza que otros pueden seguir. Sé considerado en los mensajes que publiques o envíes.

2. **Ser un líder de pensamiento positivo en algo.** Utiliza los medios sociales para tu ventaja para crear tu nombre e imagen en Internet. Ser un líder de pensamiento significa tomar algo en lo que ya eres bueno y compartirlo con otras personas para ayudarles a que también sean buenas en ello.

3. **No hacer permanentes las cosas.** Cada vez que pones cosas por escrito haces que tus acciones sean permanentes. Cualquier cosa que llega a Internet se queda allí para que alguien la encuentre. Es mejor tomar cinco minutos para calmarse y reconsiderar si deberías desatar tus heridos sentimientos sobre alguien más.

4. **Consejo a los estudiantes de primer año.** Disfruta tu tiempo en la universidad, pero no vayas pregonando tu felicidad a todos. Tus publicaciones irán más allá de los que se interesan por ti. Si una persona a la que no le caes bien ve tus publicaciones podría ridiculizarte. O peor aún, podría empañar tu reputación a largo plazo cuando apliques a pasantías, programas de estudio en el exterior, y empleos.

Actividades en la vida real que impresionan a las universidades

Lo que haces en la vida real terminará eventualmente en los medios sociales. Por lo tanto, vamos a darte sugerencias sobre qué hacer en la vida real que pudiera impresionar a las universidades.

Piensa en ser voluntario en una de estas organizaciones cerca de ti:

- Refugio para perros
- Centro de adultos mayores o institución de vida asistida
- Trabajo voluntario en el extranjero
- Hábitat para la Humanidad
- La Cruz Roja u otros centros de donación de sangre
- Hospitales
- Recaudación de fondos para cualquiera de estos (y no para una causa política o dramática) o un programa de

voluntariado internacional de verano en el extranjero.

Asegúrate de no ser voluntario político o que pudiera verse de alguna forma dramática. Recuerda que los oficiales de admisión universitaria pueden tener diferentes puntos de vista políticos y religiosos, y no quieres que tu trabajo como voluntario les sea desagradable.

Como ejemplo: En el 2012 hubo un aumento repentino en Estados Unidos de activistas y personas normales que promovían un video de 30 minutos con el título "Kony 2012". La meta del video era llamar la atención sobre Joseph Kony, un caudillo ugandés al mando de un ejército rebelde que intentaba derrocar al gobierno de Uganda. Se hizo conocido por usar niños como soldados, mano de obra gratis y esclavos sexuales. El video llamó la atención sobre estos hechos en un intento de que lo arrestaran y que se ofreciera ayuda humanitaria. La intención era buena y muchas personas donaron dinero y tuitearon o publicaron mucho a favor de la organización que inició el video.

Desafortunadamente, cuando el video fue mostrado a la gente de Uganda ellos protestaron en su contra y no lo recibieron bien. La mayor crítica en contra del "movimiento" era que éste (y el video especialmente) simplificaban demasiado el asunto. Los conflictos entre rebeldes y el gobierno en Uganda van mucho más allá de Joseph Kony. Al video también lo criticaron por insinuar que la única manera de resolver los conflictos era que gente extranjera enviara ayuda, cuando de hecho ya existían varias iniciativas en marcha, lideradas por personas del lugar para solucionar sus propios problemas.

Más tarde, se descubrió que la organización Kony 2012 estaba dando mal uso a los fondos donados y su fundador apareció en los medios como alguien muy inestable.

El video original para la recaudación de fondos se hizo viral muy rápidamente. El problema fue que pocas personas en realidad investigaron a la organización que lo inició, o el asunto en general. Así que ahora que nuevas verdades han salido a la luz sobre el liderazgo de Kony, una universidad que revisara tus medios sociales vería que te dejaste arrastrar por la corriente en ese momento controversial, y que te alineaste con esta campaña cuestionable.

Consejo táctico: Cuando encuentres un movimiento altamente político o altamente emocional, no te decidas inmediatamente a promoverlo públicamente hasta que tengas tiempo de investigar ambos lados de la historia. Sin investigar el panorama general, puedes pagar cara tu publicación en los medios sociales sobre la campaña, ya que no sabes qué será de la campaña en los siguientes años.

Como alternativa, elige una organización establecida y sé voluntario para ella. Considera no empezar siendo voluntario para una campaña nueva, porque hay muchas cosas que no sabes sobre ella. Pregúntate: ¿Es esta campaña algo que podría manchar mi imagen en Internet en los siguientes cinco años si algo sale mal? Además, no supongas que tu oficial de admisión universitaria vota o está de acuerdo con tu postura en el asunto. La posibilidad de que los ofendas es la misma que tienes de sobresalir. Esta es una probabilidad del cincuenta por ciento de alterarlos si publicas algo altamente emocional o político.

Redes que pueden ayudar a tu imagen en Internet

Las redes sociales son como las cadenas de televisión: algunas están diseñadas para hacerte más inteligente y otras están diseñadas para pasar el rato. Si ves una hora de Discovery Channel, habrás aprendido algo (o por lo menos sentirás como que tu mente recibió algo de estímulo). Sin embargo, si ves una hora de "Las Kardashian" (Keeping Up With the Kardashians) probablemente no aprendas nada útil. No estoy diciendo que es terrible ver un reality show, simplemente estoy diciendo que representa una probabilidad mucho menor de obtener beneficios tangibles en función del tiempo que invertiste. Con eso en mente, estoy profundamente convencido de que algunas redes sociales son más como el Discovery Channel (y pueden ser un uso positivo del tiempo de los hijos).

En el capítulo cinco, te guiaré a través de diversas redes y lo que éstas pueden hacer para ayudar a tu imagen en Internet. Considera tener un perfil en estas redes para tener una presencia bien equilibrada en Internet que pueda descubrirse. Sólo porque tu universidad diga que no ve tus medios sociales, la probabilidad de que te busquen en los siguientes años aumentará rápidamente. Una universidad no invertirá en alguien al que no hayan investigado cuidadosamente. Buscar a los aspirantes en Internet se está haciendo parte del protocolo estándar. Puedes sacar ventaja de esto para sobresalir en el grupo.

Maneras en que una universidad invierte en ti cuando consideran aceptarte:

- Te vuelves la imagen de su marca (y la representas por el resto de tu vida).
- No puede aceptar a otra persona en tu lugar (no puede aceptar más de cierto número de estudiantes).
- Las becas requieren que gaste dinero en tu matrícula (y pierde ingresos de un estudiante que sí pague).

Cuando una universidad te acepta, inmediatamente está haciendo una inversión porque te permite que la representes dondequiera que vayas (especialmente en tu ciudad natal y en tus perfiles de medios sociales). La universidad quiere mantener una imagen positiva porque esto le ayuda a impresionar a ex alumnos y donantes y a futuros estudiantes para que asistan a la universidad en el futuro. Además de eso, otorgarte una beca es una inversión aún mayor. Todo se resume en la naturaleza práctica de la situación: debido a que una universidad tiene espacios y recursos limitados, tiene que investigarte antes de hacer una oferta.

Adueñándote de la primera página de tus resultados de búsqueda en Internet

Cuando una universidad busca tu nombre en Internet, ¿qué encuentra? ¿Ve un conjunto de resultados en la primera página que proyecta una imagen favorable de quién eres en la vida real? Si no es el caso, ¿qué es lo que aparece?

Una universidad debería poder encontrar rápidamente un portafolio de tus logros, fotos de voluntariado, videos divertidos y pasatiempos productivos. La primera página de tus resultados de Google verdaderamente es tu lugar para brillar en Internet. Cuando estás en varias redes sociales establecidas y tienes tu propio sitio de Internet, tienes muchos lugares en donde publicar contenido que te muestre de la manera más favorable. Utiliza este lugar para exhibir tus talentos, intereses y habilidades para que las universidades puedan verte como un estudiante comprometido e inteligente cuya incorporación a su institución sería muy valiosa.

¿Te están ayudando a brillar en Internet tus resultados de búsqueda?

Si sigues las guías y fórmulas que te proporcionamos, estarás menos inclinado a pensar en bloquear tus cuentas del público ya que no tendrás nada que te evite compartir todas tus experiencias positivas y causar una buena impresión. Además, quiero animarte a compartir tus pasatiempos de una manera que ayude a las universidades a ver que eres polifacético y que eres una apuesta segura para su inversión.

Por supuesto, siempre sigue las normas generales de seguridad en Internet. Si tienes menos de 13 años, por favor habla con tus padres sobre los ajustes de seguridad que ellos prefieren. Desde un punto de vista profesional, dependerás mucho menos de los ajustes de seguridad cuando utilices mis técnicas, lo cual te hará ver más disponible cuando las universidades te examinen (y esperemos te permita sobresalir entre la multitud).

Utiliza la misma foto de perfil para todas tus cuentas

Cuando las universidades te buscan quieren asegurarse rápidamente de que han encontrado a la cuenta correcta. Buscan a cientos de aspirantes cada día y cuando tienes diferentes selfies para cada red harás difícil que te encuentren.

Ver la misma foto de perfil en todas las cuentas facilita que la universidad haga la conexión entre todas tus formas profesionales, divertidas y relevantes de medios sociales. Asegúrate de que tu foto sea clara, bien iluminada y que te destaque a ti (las fotos oscuras de grupo no te ayudarán). Considera el capítulo anterior y asegúrate de que cada parte de la foto sea Segura, Atenta y Simpática®. En caso de duda, pregúntale a un padre o amigo cuál creen que es la mejor foto. A veces puede ser que no te des cuenta cuál de tus fotos destaca tus mejores ángulos de forma divertida y profesional. Yo todavía les pido a mis amigos que examinen mis cuentas para recibir sus comentarios honestos desde una perspectiva externa. Siempre es bueno recibir una segunda opinión.

¿Te preocupa cuánto tiempo tomará esto? Tomar las riendas de tu imagen en Internet supone un compromiso de aproximadamente una hora por semana. Asegúrate de revisar todas las redes por lo menos durante cinco minutos cada semana. Dedica un par de minutos a las redes profesionales que menos te gustan al inicio de cada semana. Asegúrate de que estás actualizando tu información y tus credenciales frecuentemente, de modo que nada sea erróneo ni obsoleto. Si te preocupa el tiempo, prueba HootSuite.com o BufferApp. com para que te ayuden a planificar publicaciones en medios sociales para luego desentenderte sabiendo que no necesitas pensar en ellas hasta la siguiente sesión de planificación.

La fórmula para publicar

La manera en que publiques te ayudará o te dañará, según lo discutimos en los capítulos anteriores. Vamos a mostrarte una fórmula aquí que te ayudará a causar una buena impresión de modo que, cuando la vea una universidad, ayudará a dar valor a tu aplicación de una manera que no puede hacerlo el papel. Esta fórmula es opcional, pero puede ser algo que te ayude en Internet en vista que la desarrollamos para ayudar a políticos, aspirantes universitarios, candidatos a empleos y algunas de las mejores marcas del mundo.

He aquí la fórmula para impresionar a las universidades:

Una foto de grupo de buen gusto

+

Agradecimientos

+

El nombre de la organización

+

Una actividad

+

Resultados (opcional)

Toma una foto de grupo de buen gusto

Por ejemplo, toma una foto de grupo de tu equipo haciendo trabajo voluntario con perros, construyendo casas para Hábitat para la Humanidad o sirviendo con la Cruz Roja en Haití. No uses este momento para hacer que la foto gire en torno a ti cuando en realidad debe ser sobre la causa. No incluyas gestos que puedan ser chistosos o malentendidos. Asegúrate de que las caras de todos estén claras, con una sonrisa genuina, y que todos estén allí por la razón correcta.

Incluye un mensaje que describa la foto

Buen ejemplo: "Gracias a Hábitat para la Humanidad por permitirme trabajar como voluntario este fin de semana y construir una casa para esta extraordinaria familia. Gracias a los más de 50 voluntarios fuimos capaces de construir esta casa en menos de tres días, y la familia podrá mudarse la próxima semana para convertirla en un hogar."

Cómo tomar una foto de grupo con tus compañeros de trabajo:

"Agradezco especialmente a mi equipo en Disney Parks por todo lo que hacen para cumplir sueños en el lugar más mágico del mundo."

El siguiente ejemplo es de mi amigo Rich DeMuro sirviendo de voluntario para ayudar a un refugio de animales con sus destrezas en tecnología.

Cómo servir de voluntario en un refugio de animales con tus amigos:

"Gracias a la Shelter Hope Pet Shop por permitirnos compartir algunos consejos de tecnología con ustedes. ¡Continúen su excelente labor de ayudar a estos perritos a encontrar hogares amorosos!"

El siguiente ejemplo es de mi amiga Camille Marquez:

Cómo agradecer a tus amigas por regalarte boletos de béisbol:

"Gracias a mis amigas por invitarme a acompañarlas en estos excelentes asientos. ¡Vamos Dodgers!"

Aquí hay otro ejemplo de mi amiga Camille Marquez sobre cómo tomar una foto familiar improvisada:

Cómo tomar una excelente foto familiar:

"Días como éste hacen que me sienta muy agradecida por mi familia y por el buen clima que hizo mientras buscábamos huevos de Pascua en el jardín."

Aquí hay un último ejemplo de Camille Marquez como voluntaria en los Juegos Especiales con sus amigos. :

Cómo ser un voluntario en los Juegos Especiales:

"Gracias a mis amigas por ayudarme a hacer de este día una experiencia maravillosa para nuestro amigo Steve quien participó en los Juegos Especiales. Todos tuvieron un gran día."

Aquí hay un ejemplo mío como voluntario en el aeropuerto local para mostrarle a los niños el placer de la aviación:

Cómo agradecer a familias que hicieron una excursión educativa:

"Gracias a los voluntarios que nos ayudaron a darle a más de cien niños la oportunidad de sentarse en un avión de verdad hoy en el Aeropuerto de Santa Mónica."

Cómo agradecer a una fundación y a un alcalde:

"Gracias a la *Walk With Sally Foundation* por invitarme a participar en el evento de caridad de esta noche. Fue genial encontrarme con mi viejo amigo Michael DiVirgilio, el próximo alcalde de Hermosa Beach."

Cómo agradecer al patrocinador de un evento:

"Gracias a la Anderson MBA School of Management de UCLA por invitarme a compartir mi mensaje en un panel de discusión de TED Talks."

Cómo ser positivo después de un apagón eléctrico:

El siguiente ejemplo es de una antigua estudiante llamada Elise Arney que actualmente asiste a la Universidad de Kansas. Ese día se cortó la electricidad en su casa, y ella lo convirtió en una oportunidad de compartir un mensaje positivo.

"¡Estoy tan agradecida de tener una familia tan genial! ¡Tuvimos un día excelente a pesar del apagón!"

Ella pudo haberse quejado, pero en lugar de ello compartió una gran foto que impresionará a las universidades. Si un oficial de admisión universitaria ve esta foto, probablemente dirá: "Si esta es la forma en que se queja, entonces necesitamos su actitud positiva para dar un buen ejemplo a los demás estudiantes. ¡Traigámosla a una entrevista!" He aquí una foto de Elise visitando la Universidad de Kentucky después de ser aceptada. Decidió comportarse con clase y tomarse una foto con la mascota de una manera que enorgulleciera a la universidad de su decisión de aceptarla.

Cómo tomar una foto con una mascota universitaria:

"¡Me divertí tanto en mi visita a KU hoy! ¡Estoy tan lista para el año que viene!"

Aquí hay un ejemplo de un estudiante de secundaria llamado Jonathan Yee que sabía que las universidades verían sus medios sociales, así que tomó una foto de una nota escrita a mano y la publicó en Twitter:

Cómo dirigirse a las universidades de una manera encantadora y mostrando sentido del humor:

"Completé mis solicitudes a la universidad."

("Estimadas Universidades, Por favor acéptenme. Soy una buena persona. Sinceramente, Jonathan Yee.")

Cómo agradecer a un patrocinador por permitirte hablar en público:

Pude haber escrito bajo la imagen: "¡Hablé con 50 chicos este fin de semana en las tiendas Microsoft!". Pero este mensaje es sólo sobre MI, y no tanto sobre el panorama general. No reconoce a la organización que hizo posible mi discurso y no muestra que estoy agradecido por esa increíble oportunidad.

Mensaje mejorado:

"Gracias a Microsoft por permitirme presentar un tour de Social Media Safety en cuatro de sus tiendas en el Sur de California esta semana. Con su ayuda tuvimos un impacto positivo en más de cien chicos".

Este mensaje me saca del primer plano y enfoca la atención en el resultado positivo del evento en que participé.

La guía de frecuencia en medios sociales

Considera publicar una vez por semana en todas las redes (incluso las que mencionamos que no te gusta visitar). No quieres inundar tus cuentas con todo el contenido de una sola vez, porque algún contenido excelente puede quedar enterrado bajo otro contenido excelente. Para dar mejor cobertura a todos tus logros, publícalos de forma espaciada. Nuevamente, HootSuite.com y Buffer.com pueden ayudar. Sólo recuerda revisar tu contenido cada semana y actualizar o reemplazar información obsoleta. Puedes encontrar consejos aquí sobre qué herramientas puedes usar para espaciar los mensajes y desplegar información: SafeSmartSocial.com/libro.

Sé dueño de tu imagen al ofrecer tu cámara para tomar fotos de grupo

Cuando me postulé como candidato político siempre quería publicar la mejor foto de grupo y al mismo tiempo controlar mi reputación. Como siempre he llevado una cámara o un teléfono celular conmigo, antes de una foto de grupo era yo el que ofrecía, "Usa mi teléfono." Esto me permitió participar en la diversión, pero además controlar qué tipos de fotos se publicaban (ya que todas ellas vivían en mi teléfono/cámara). De esa manera, no hubo fotos locas o inapropiadas que podrían circular en línea o de otra manera. Tuve la oportunidad de seleccionar la mejor foto para publicar. Elegía las que me destacaban y hacían ver bien a mis amigos. Me convertí en mi propio gerente de marca y ayudé a mis amigos a destacar en línea. Este es uno de esos consejos tácticos que me ayudaron a impresionar a los votantes durante mi contienda política (y la razón por la cual tengo resultados limpios de imágenes de Google).

Espera hasta después del evento para publicar tus fotos

Si asistes a muchos eventos divertidos, puede ser que tengas muchas fotos para publicar. Considera la posibilidad de esperar hasta el día siguiente para publicar cualquiera de las fotografías del evento. Esto te da tiempo para pensar en una gran descripción, y así puedes elegir la mejor foto que tomaste. Incluso puedes utilizar Photoshop para aclarar la foto, o cargar el logotipo de la organización en la imagen (como lo hice con Microsoft). Esto también ayuda a distraerte menos mientras estás en el evento para que no te pierdas posiblemente otra gran oportunidad de tomar una foto adicional. Por último, tendrás la oportunidad al día siguiente de ser un buen amigo en las redes sociales y seleccionar la foto donde todos tus amigos también brillan en línea. Esto ayudará a destacarte ya que estás gestionando tu propia marca (y la de tus amigos) en Internet.

Jardinería de medios sociales con tu mejor amigo

¿Quién es tu mejor amigo o tu amigo más confiable? Pídeles que vean todas tus cuentas de redes sociales y encuentren tres cosas que publicaste que ellos piensen que debes eliminar. La historia detrás de la foto podría ser completamente inocente, pero para los de afuera puede parecer inapropiada. Dile a tu mejor amigo o a tu amigo cercano que, digan lo que digan, no herirán tus sentimientos. Su honestidad te ayudará a tener la mejor imagen en Internet. Esto me ayudó a mantener mi imagen limpia en la política cuando un amigo me dio un poco de retroalimentación honesta que me ayudó a brillar en línea durante mi campaña. Es mejor que esto provenga de tu mejor amigo que estar desorientado o inconsciente de que lo que publicas impide que impresiones a las universidades.

El desafío de los padres

A veces los padres piensan que sus hijos son "perfectos", pero en realidad no pueden ver las faltas de sus hijos en las redes sociales. Como padre, usted podría asociarse con otros padres que conoce, que tienen objetivos similares para sus hijos, y puede intercambiar las responsabilidades de mantener a sus hijos Seguros, Atentos y Simpáticos® en línea. Uno de los padres puede servir de mentor de los hijos del otro padre para guiar su imagen en Internet. El consejo externo de otro padre de confianza por lo general tendrá más beneficios que perjuicios, y podría proporcionar una nueva perspectiva que le ayude a usted (o a sus hijos) a brillar en línea.

Esto es algo que los padres pueden hacer sin la ayuda de un experto. Sólo se trata de usted trabajando con otra familia para asegurarse de que los hijos de ambos están manteniendo un aire profesional. Los padres saben cuando ven algo digno de vergüenza, incluso cuando los hijos no piensan así. Esto lo podrá sacar de la de la burbuja de "mi hijo es perfecto."

Alternativamente, usted podría hacerse amigo de un gerente de RRHH o un profesor universitario y hacer que hablen con sus hijos. Esto ayudaría a introducir ejemplos del mundo real directamente a la mente de su hijo de modo que estén recibiendo retroalimentación válida de alguien que investiga candidatos y aspirantes cada día.

¿Qué pasaría si aplicaras a la universidad el próximo mes? ¿Cómo aceleramos esto?

Durante los próximos 10 días comienza a publicar una foto positiva por día en LinkedIn, Facebook, Instagram y Twitter para iniciar tu portafolio. El objetivo es que haya 10 fotos en línea en menos de dos semanas. Esa es la cantidad mínima de imágenes que necesitas para parecer que estás presente y ser descubierto en línea. Incluso si no estás en Facebook, considera poner fotos allí ya que las universidades encontrarán esa cuenta fácilmente.

Nombra a alguien de confianza como tu "gerente de marca" personal que pueda revisar lo que publiques cada semana. Esta persona puede ser tu mejor amiga/o, tu profesor favorito o uno de tus padres. Su objetivo es hacerte saber si has publicado algo inapropiado esa semana y por qué debes quitarlo. Es útil tener a esta segunda persona objetiva que pueda revisar lo que estás publicando y que sea honesta contigo acerca de cuál es el mensaje que envías a los que te rodean. No hay suficientes personas que tengan esto y si reclutas a alguien para que te ayude, esa persona se convertirá en tu gerente de marca.

No olvide visitar SafeSmartSocial.com/libro para registrar este libro gratuitamente y le enviaremos videos y aportes clave para ayudar a sus estudiantes a usar medios sociales para impresionar a universidades y empleadores.

Los puntos clave a recordar de este capítulo:

- Las personas tienden a recordar las cosas negativas. Siempre piensa dos veces antes de publicar algo.
- Toma un descanso antes de publicar un comentario de frustración.
- Escribe un correo electrónico a alguien haciéndole saber todos tus pensamientos de enojo o de dolor. No escribas la dirección en el campo "Para:". Aléjate al menos durante cinco minutos. Si todavía estás molesto, considera enviarlo a un amigo seguro y digno de confianza.
- Al tener conversaciones perturbadoras, empieza con el corazón. Aprecia a la persona, comparte tus sentimientos, dales una "salida" y pide su opinión sobre la situación. Trata de establecer lazos de empatía con ellos y será más probable que ellos puedan empatizar contigo. Las buenas relaciones estimulan el buen comportamiento y la buena reputación.
- Los padres dan el ejemplo a sus hijos en cuanto a cómo comportarse en línea.
- El contenido adecuado para los medios sociales muestra trabajo voluntario y recaudación de fondos.
- Asegúrate de investigar a las organizaciones y causas que apoyas. Asegúrate de que han superado el paso del tiempo, a diferencia de Kony 2012.
- Las universidades están buscando a personas que representen su marca.
- Aduéñate de la primera página de resultados de búsqueda de Google de tu nombre o de tu nombre + tu ubicación.
- El contenido visible deben incluir: logros, fotos de voluntariado, pasatiempos creativos y productivos, y cosas positivas y divertidas.
- Utiliza la misma foto de perfil en todas tus cuentas.
- Dedica una hora a la semana a reevaluar, actualizar

y publicar en las redes sociales. Considera probar <u>HootSuite.com</u> o <u>Buffer.com</u> para que te ayuden a administrar lo que publiques.

- Al tomar una foto en una organización o evento, asegúrate de darles las gracias, mencionar su nombre, decir lo que has hecho y cuál fue el resultado.

- No hagas que las oportunidades de voluntariado o de recaudación de fondos giren en torno a ti. Se trata sobre la causa.

- Ofrece tu cámara para fotos de grupo de modo que seas el dueño de la imagen y controles cómo se comparte tu imagen. Serás capaz de elegir la mejor foto. Sólo asegúrate de no olvidar publicarla y enviarla por correo electrónico a las personas como dijiste que lo harías.

- Pídele a un mejor amigo retroalimentación sobre qué fotos tuyas piensa que debes eliminar.

- Los padres, con el problema de no tener suficiente distancia para ver que su hijo puede ser visto por alguien más con la mejor de las luces, puede probar pedirle a amigos o hermanos que comenten sobre la imagen en Internet de su hijo.

CAPÍTULO CUATRO
Estrategias y publicaciones en los medios sociales que impresionan a futuros empleadores

---

Si estuvieran planeando el futuro para un año, planten una semilla; para diez años, planten un árbol, mas si lo planearan para cien años, eduquen a los niños. – Confucio

---

He contratado a un buen número de empleados en los últimos cinco años y voy a dar algunos consejos que los estudiantes universitarios pueden utilizar para sobresalir entre la multitud en los medios sociales. También he estado en una posición a inicios de mi carrera de haber asistido a cerca de 100 entrevistas cuando quería poner en marcha mi futuro y averiguar dónde quería trabajar. Estas entrevistas me ayudaron a causar una buena impresión en persona y en línea.

También les daremos a los estudiantes universitarios algunos consejos sobre cómo llevarle ventaja a la multitud mediante el uso de los medios sociales y algunas técnicas de la vieja escuela junto a nuevas herramientas digitales.

Lisa Cochrane, vicepresidente senior de Marketing de Allstate Insurance Corp., ofrece a los estudiantes universitarios que buscan su primer trabajo profesional los cuatro siguientes consejos:

Ser auténtico y profesional

En primer lugar, ser auténtico. Tratar de impresionar frente a ser impresionante son dos cosas diferentes. Deja que tu verdadero ser brille, pero piensa y selecciona, organiza y presenta lo que el público podrá ver cuando te busquen. No todo acerca de tu auténtico ser es para la vista pública. Por ejemplo, podrías hacer tu Facebook privado pero estratégicamente elegir unos mensajes y fotos para dejar como "públicos". Haz públicas dos o tres de tus mejores fotos de perfil (una excelente foto tuya, tú en un lugar interesante, tú haciendo algo en la comunidad, con tu familia, etc.) y cualquier mensaje sobre intereses profesionales, la escuela, el voluntariado, tu trabajo más reciente (si eres artista, escritor, etc.), fragmentos de noticias, etc. Si alguien desea encontrar información acerca de ti en línea, ésta es una buena manera de no parecer totalmente cerrado y aún así controlar exactamente lo que quieres que la gente sepa de ti.

Toma siempre en cuenta la perspectiva de una persona ajena a tu red antes de compartir socialmente o expresar una opinión. Otros no te conocen tan bien como tu red personal y pueden juzgarte fuera de contexto.

Consejo táctico: Si eres activo en organizaciones sin fines de lucro y/o profesionales (ya sea en la universidad o fuera de ella), pide que publiquen tu biografía en su página web o que te destaquen en su blog como un voluntario o miembro esencial. Que otra organización hable de tu desempeño es más valioso que la auto-promoción

¿Eres un buen escritor?

Siempre busco buenas habilidades de comunicación. Aunque el mundo ha cambiado y los mensajes de texto y correo electrónico permiten un estilo de escritura más informal y conversacional, todavía no hay sustituto para el lenguaje tradicional bien usado. Utiliza ortografía, gramática y puntuación correctas. Aunque "OMG" (Oh por Dios) y "ROFL" (Revolcándome de la risa) funcionen en tu red personal, no se traducirán bien al mundo profesional.

Sugerencia táctica: Elige tus palabras sabiamente – a veces menos es más.

Demuestra que has pensado en tu futuro

Considera el uso de usuarios de medios sociales separados para publicar de contenido personal y profesional. Tener un Twitter y un LinkedIn públicos donde compartas contenidos e ideas (que no se te vaya la mano, elige sabiamente) demostrará tu pasión y conocimientos en tu(s) campo(s) de la industria.

Si pronuncias un discurso notable o tienes un desempeño sobresaliente que alguien capta en video (piensa en esto de antemano y asegúrate de tener un camarógrafo designado), súbelo a YouTube y haz que aparezca en búsquedas de tu nombre.

Sugerencia táctica: No tienes que crear tu propio blog, pero considera contribuir a foros y blogs relacionados con lo que te interesa y/o apasiona de tu carrera. Al hacer esto, utiliza tu nombre completo como tu nombre de usuario.

Demuestra que sabes cómo trabajar, sin miedo a ensuciarte las manos.

Siempre busco un indicador de que a un posible candidato le guste trabajar. ¿Has sido mesero o has trabajado como vendedor en una tienda? Eso es un signo de humildad y de que sabes cómo trabajar con el público – probablemente aprecias una buena experiencia con el cliente. ¿Trabajaste mientras estabas en la universidad? Entonces debes ser bueno para manejar el tiempo y respetas el valor del dinero. Todos los puestos de trabajo enseñan algo, incluso los peores.

Estas son algunas de las actividades que los a empleadores les gusta descubrir en los medios sociales:

Voluntariado para ayudar a otros (actividades no políticas), como trabajar en un refugio de perros, casa de vida asistida, hospital, etc.

Estar involucrado en temas que te apasionen y que ayuden a los demás o te ayuden a crecer como persona. Eso podría incluir correr por una causa, viajar, construir automóviles, navegar a vela, cocinar, tocar un instrumento u otras aficiones que te conviertan en alguien más completo; pasantías y proyectos relacionados con el trabajo que se relacionen con la posición que solicitas.

Estas son algunas de las actividades que los empleadores no quieren ver en los medios sociales:·

- Fotos sosteniendo tragos en una fiesta
- Selfies en las que actúas como un tonto o narcisista
- Bromas privadas de naturaleza vulgar
- Fotos tuyas en un monumento famoso cometiendo una falta de respeto
- Compartir fotos de tus amigos comportándose de forma irresponsable
- Actos ilegales (o en contra de las reglas) y pensar que es divertido compartirlos
- Quejarse de un antiguo trabajo, jefe, profesor o de una situación relacionada con el trabajo
- Jactarse en línea de acciones que podrían impactar negativamente tu futuro (o el de otros)
- No estar agradecido por las buenas personas, situaciones y oportunidades
- Hacer alarde de haber mentido a un ex empleador o haberle robado tiempo de trabajo

Nunca olvides agradecer a tu empleador y a los que te ayudaron a lograr tus metas

Al convertirme en candidato político necesitaba rodearme de personas de confianza que también cuidaran de mi imagen. Tuve la suerte de que una de mis amigas más cercanas aceptara mi petición de servir de forma voluntaria como mi directora de campaña en 2009, cuando me postulé para el ayuntamiento de la ciudad de Hermosa Beach. Su nombre es Jessica McIntyre y actualmente trabaja en Recursos Humanos de Nestlé.

Le confié mi imagen en la campaña electoral a Jessica y ella siempre tomó excelentes decisiones. Para impresionar a los empleadores, Jessica recomienda:

> *"Siempre es buena idea al publicar algo en los medios sociales halagar a aquellos para quienes trabajas. Cada vez que puedas agradece sinceramente a tu empleador/equipo por darte la oportunidad de trabajar en un proyecto, generalmente los impresionarás cuando ellos lo encuentren en los medios sociales (porque lo van a encontrar)".*

Utiliza los medios sociales a tu favor

Los medios sociales se están convirtiendo rápidamente en el método preferido para conectarnos con los que nos rodean. Puedes usar esto a tu favor al aprender tanto como puedas sobre cortesía y protocolo en Internet.

Ryan Holmes, director general de HootSuite, la mayor plataforma de medios sociales del mundo, dice:

> *Los medios sociales ya no son únicamente para compartir fotos lindas de mascotas con tus amigos. En las manos adecuadas, son una poderosa herramienta – tus perfiles de medios sociales pueden hacer la diferencia para encontrar y mantener un empleo. Utiliza las redes sociales como LinkedIn para crear una marca profesional y atractiva en línea y atraer a posibles empleadores. Lo mejor acerca de los medios sociales*

es que puedes controlar lo que otros ven y saben acerca de ti. Así que asegúrate de utilizar las redes a tu favor mediante la construcción de una marca personal profesional que sea, bueno, profesional.

¿Les gustan los proyectos de emprendimiento a los empleadores?

Mostrar lo emprendedor que eres en tus cuentas de medios sociales puede ser muy positivo. Sin embargo, asegúrate de destacar cómo esa acción o proyecto ayuda a los demás y que tiene un resultado positivo que vale la pena compartir. Si tienes un espíritu emprendedor, es mejor poner en relieve cómo tu proyecto de emprendimiento hizo algo bueno en la comunidad, de modo que no parezcas centrado en ti mismo ante un posible empleador a quien le preocupe que intentes iniciar tu propio negocio a costa suya.

Espera, ¿estás diciendo que es malo mostrar tu lado empresarial?

No, pero el trabajo de tu jefe o director de recursos humanos es encontrar a alguien que pueda encajar bien en su compañía y en su cultura. Para presentar esa imagen, debe parecer que eres servicial y que trabajas arduamente. Quieres ser ambicioso y luchador para lograr resultados positivos desde todo punto de vista. A veces los candidatos (incluyéndome) se lucen mostrando cómo pueden ser líderes en los medios sociales, pero en realidad no muestran ninguna señal de que mantienen la concentración o de que trabajan duro en los detalles.

Convierte tus proyectos en una historia positiva

Por ejemplo, digamos que deseas iniciar un nuevo club en el campus que una a todo tipo de personas a quienes les apasiona el diseño de sitios web. Se llama el "Club de Diseño de Páginas Web". El club construye sitios de Internet para organizaciones que no pueden pagar el servicio. Los sitios web del club van mejorando con cada sitio que crean, y pueden promocionar que han capacitado a pequeñas empresas en cómo crear sus propios sitios de Internet y han creado sitios web para ciertas fundaciones de forma gratuita.

En ese momento tú y otros miembros podrán publicar una lista de las fundaciones con las que han trabajado. El proyecto habrá ayudado a miles de personas, y debido a que los sitios web que construyeron fueron organizados y fáciles de utilizar, habrán recaudado miles de dólares para sus causas. A los empleadores les encantará ver esto y desearán contratar a personas de este "Club de Diseño de Páginas Web" debido al resultado positivo de esta actividad. Este es uno de los muchos ejemplos de la vida real de una misión empresarial que se puede destacar como un proyecto que ayudó a otros y que eventualmente impresionará a los empleadores.

Ser un líder con lo que ya sabes

No adquieras nuevas habilidades sólo para utilizarlas para jactarte en Internet. Toma lo que ya tienes y crece allí. No trates de iniciar una nueva y extensa afición sólo para presumir. En cambio, trabaja en mejorar lo que ya puedes hacer y haz que ayude a los demás. Prepárate para explicar lo que significa tu afición para ti, cómo ha influido en tu vida, tu ética de trabajo, tu motivación, etc., y cómo fuiste un líder en esa situación.

A modo de ejemplo, yo no puedo tocar ningún instrumento musical. Me tomaría muchos años sentirme cómodo tocando el piano o la guitarra lo suficientemente bien como para ser capaz de utilizar esas habilidades para ayudar a otros. Sin embargo, me di cuenta desde un inicio de que soy muy bueno con las herramientas eléctricas y bastante diestro para reparar electrodomésticos y automóviles. En lugar de tocar la guitarra, mi instrumento es un taladro eléctrico y un martillo. Yo puedo ayudar a los demás mediante el uso de estas herramientas y compartir el resultado positivo en los medios sociales. A pesar de que dispongo de muy poco tiempo adicional, puedo reparar artículos como voluntario y utilizar esa experiencia como una historia positiva para compartir una foto de grupo en Internet. En algunos casos he utilizado esta técnica para crear videos de YouTube para enseñar a otros cómo pueden aprender mis habilidades para reparar sus vehículos o electrodomésticos.

Utiliza YouTube para compartir tus habilidades

Un día me di cuenta de que un faro de mi Jeep Grand Cherokee estaba defectuoso. Lo llevé a la concesionaria y me pedían unos 350 dólares por reemplazar los dos faros incluyendo los repuestos y la mano de obra. En ese momento, mi coche tenía unos 13 años de antigüedad y al investigar un poco descubrí que muchas personas tenían el mismo problema. Al visitar Amazon.com me di cuenta de que podía comprar un nuevo par de faros por $80. Entonces planeé cómo arreglaría mi Jeep y mostraría a otros cómo ahorrar $270 haciéndolo ellos mismos. Mientras reemplazaba los faros, usé mi iPhone para grabar pequeños segmentos de la reparación y los edité para crear un video de información práctica de 4 minutos. El vídeo ahora cuenta con más de 7.000 vistas. Aunque el vídeo no va en línea con mi profesión, si un cliente lo descubriera en línea estaría impresionado de que estoy ayudando a otros con mis habilidades.

Lo que los mejores empleadores buscan en los candidatos

Mi amiga Julie Mossler es la jefa de Comunicaciones Globales y Estrategia Creativa de Lanzamiento en Waze, una innovadora aplicación de mapas adquirida por Google. Ella ofrece a los que buscan empleo los siguientes consejos:

¡Siempre eliminar aquellos mensajes viejos! El "tú más joven" estaba en onda y lo sabía todo, o por lo menos eso pensabas en ese momento. Ahora, el "nuevo tú" sabe aún más. Lo que parecía ser una buena cosa para compartir hace dos años, tal vez no vaya a

tono con lo que eres ahora como persona o candidato. No hay problema en borrar contenido obsoleto cuando no representa adecuadamente lo que eres hoy, sobre todo cuando te puede ayudar a brillar en línea ante un posible empleador.

La consistencia es clave. Si eres respetuoso pero tus tuits profesionales están salpicados de riñas con amigos o tu pareja, supondré que tienes mal criterio. ¡Nadie quiere leer tu drama en Internet! Me hace pensar, ¿también harás esto cuando representes a nuestra marca? Hay un nivel de su vida personal que Internet no necesita conocer – aprende cuál es esa zona de confort, y no te salgas de ella.

Julie continúa ayudándonos a comprender:

Cuando estoy examinando los candidatos a un puesto de trabajo, me impresiona más alguien que es lo suficientemente inteligente para elegir un canal social y utilizarlo bien que alguien que tiene una presencia en línea finamente dispersa. No me importa si no has dominado todo sobre Facebook, Twitter, LinkedIn y Google Plus. Me importa si iniciaste un perfil en un lugar y no ha sido actualizado en un año o tus mensajes demuestran que no entiendes el canal. No estar al día con algo te hace ver poco profesional, sobre todo en comparación con los otros candidatos que estoy examinando. No se trata de ser un experto en medios sociales, se trata de la cantidad de esfuerzo que haces. Si tomaste o no tomaste el tiempo de crear un perfil y hacerlo bien (actualizar el contenido, mantener el diseño limpio y profesional, etc.), eso demuestra que eres concienzudo o perezoso en lo que haces.

Consejo táctico: ¡Concéntrate en lo que sabes hacer mejor y mantente involucrado! Si tienes una cuenta de Facebook o de Twitter en la que no has publicado contenido relevante y profesional en bastante tiempo, no parecerás estar presente. Recuerda que debes seguir publicando contenido Seguro, Atento y Simpático® así como eliminar contenido antiguo o irrelevante.

Fórmula para publicar contenido

Esta fórmula será muy similar a la utilizada en el capítulo anterior para impresionar a universidades. Una gran cantidad de los fundamentos son los mismos, excepto que en la escuela secundaria tomarás fotos de todo, desde paseos familiares hasta tus eventos deportivos. Ya en la universidad, tomarás fotografías de proyectos de grupo, pasantías y actividades divertidas.

Fotos grupales - Pasos para el éxito

Al final de cada proyecto de grupo, toma una foto con todo el grupo. Si estás en una pasantía, pregunta si puedes tomar una foto de grupo acordada con tus colegas y/o un cliente.

He aquí hay una fórmula para publicar en tus cuentas de medios sociales:

Toma una foto de grupo de buen gusto
(O una foto tuya en una posición de liderazgo o en un proyecto de grupo)
+
Un agradecimiento sincero por la oportunidad de participar
+
El nombre de la organización
+
La actividad o el propósito del evento en el cual has participado
+
El resultado de tu trabajo

Recuerda que debes ser humilde y genuino en todos tus mensajes. Estos son algunos ejemplos de esta fórmula:

Cómo agradecer a una organización por una oportunidad de voluntariado:

"¡Gracias al Boys and Girls Club del área de Washington DC por invitarme a compartir con sus chicos cómo mantenerse seguros en los medios sociales!"

Cómo agradecer a un cliente después de un proyecto:

"Gracias al Ejército de Salvación por invitarme a compartir mis tácticas de medios sociales con su equipo este me."

Cómo anunciar una gran oportunidad:

"Gracias a Vistage por invitarme a entrenar a sus 50 directores generales sobre las mejores prácticas de marketing".

Cómo compartir una oportunidad de crear una red de contactos:

"Gracias a Commercial Real Estate Women (CREW) por invitarme a visitarlas en Sacramento y compartir los consejos de mi Bootcamp de LinkedIn".

Cómo anunciar una oportunidad de enseñanza:

"Gracias a la fraternidad Kappa Alpha Theta de USC por invitarme a enseñar el 'Bootcamp de LinkedIn para impresionar a los empleadores'".

Cómo agradecer a un grupo grande de voluntarios:

"Gracias a los más de doce voluntarios que nos ayudaron a inspirar a más de 250 niños a aprender más sobre educación STEM en el Aeropuerto de Santa Mónica". (STEM es un acrónimo en inglés que sirve para referirse a las disciplinas académicas de ciencia, tecnología, ingeniería y matemáticas).

Un posible mensaje para usar debajo de una foto de pasantía:

"¡Gracias a mi empresa (nombre de la empresa) por la gran oportunidad de hacer una pasantía con ellos! Si usted no lo ha visitado, su sitio es xyz.com y ellos producen alimentos orgánicos para perro que ayudan a los perros con problemas en las articulaciones. Pude trabajar en un proyecto con otros siete pasantes durante el mes pasado y pudimos estudiar e implementar nuevos suplementos nutritivos que se pueden agregar a su línea de golosinas para perros. ¡Estoy muy agradecido por esta oportunidad!"

Esto es un poco diferente de la fórmula del capítulo anterior debido a que tus fotos son diferentes en esencia. Asegúrate de usar una foto productiva y que incluya el nombre del grupo y un agradecimiento sincero. Una vez más, sé específico acerca de lo que hiciste y cuál fue el resultado.

Consejo táctico: Tus empleadores actuales y futuros estarán más inclinados a aprobar que publiques acerca de su empresa cuando les agradezcas sinceramente por la oportunidad de trabajar allí (y les ayudes a promover un proyecto o cliente específicos). Ten cuidado, sin embargo, porque una vez que publiques algo sobre un empleador, estarás atado a la empresa por siempre y de forma irrevocable. Cualquier otra cosa que publiques, incluso si es personal y no tiene nada que ver con una situación de trabajo, se verá reflejada sobre tu empleador y su compañía. Por ello, asegúrate de ser Seguro, Atento y Simpático® en todo lo que hagas en línea de modo que no haya posibilidad de avergonzar a tu empleador y meterte en muchos problemas con él.

Siguiendo con la misma idea, puedes tomar una foto de grupo de buen gusto al inicio de un evento de creación de redes de negocios o durante la hora para socializar. Asegúrate de que todo el mundo baje (u oculte) sus tragos, o cualquier bebida que pudiera parecer alcohólica, y toma una foto de grupo con clase para resaltar el aspecto social del evento. Haz que todos se junten con sonrisas genuinas y mira directamente a la cámara.

Consejo táctico: Haz que tu fotógrafo haga de 5 a 6 tomas de tu foto de grupo. Esto asegura que obtendrás al menos una foto en la que todo el mundo salga con su mejor apariencia.

Preguntas frecuentes
¿Se verá mi hijo igual a los demás si sigue tu consejo?

Lo más probable es que no. La gente es tan diferente, que el 90% de las personas que lea este libro usará mi fórmula de diferentes maneras. Por desgracia, algunos jóvenes no usarán estas técnicas para nada. Si los jóvenes sí utilizaran estas técnicas para destacar, es probable que utilicen la fórmula para destacar de una manera única un proyecto. Me siento muy confiado al decir que su hijo estará bien y no se verá como todo el mundo cuando utilice estas técnicas. Las probabilidades de que el empleador vea a su hijo haciendo algo exactamente igual que otro joven son muy reducidas. Tenga en cuenta que nosotros no les estamos dando algo para copiar y pegar en los medios sociales a sus hijos. En cambio, le mostramos una fórmula personalizable para publicar contenido que ayude a su hijo a destacarse en Internet como una persona muy completa.

¿Se meterá en problemas mi hijo por compartir secretos de la empresa?

¡Sí! Se meterá en problemas. Así que por favor tenga cuidado con todo lo que haga para no compartir nada confidencial. Pida permiso antes de tomar una foto. Esta es una excelente manera de pedírselo a su empleador: "¿Le importaría si tomamos una foto de este proyecto o de nuestro grupo?" Nueve de cada diez veces, dirá: "Claro, no hay problema", especialmente si usted aclara el propósito de la foto y dónde la compartirá. En caso de duda, no la comparta a menos de que tenga permiso. Nunca comparta secretos de la compañía. En su lugar, sólo refiérase a lo que ya es información pública y destaque el lado positivo de la historia. Realmente, lo que publique debería ser más sobre la foto de grupo que sobre jactarse con lujo de detalle.

¿Cómo logro que la gente quiera tomarse fotos conmigo para esto?

Todo lo que necesitas hacer es pedírselo. La mayor parte del tiempo, la gente lo hará con gusto. Considera usar la siguiente frase: "¿Te importaría tomarte una foto de grupo conmigo para que podamos compartir en nuestro blog para resaltar este proyecto?" O, "Empleador, ¿puedo tomar una foto de grupo que podamos compartir en la página de Facebook de la empresa? Tomaré la iniciativa para que se vea bien y hacer algo bueno para la empresa". O, "¿Podemos tomar una foto de grupo que destaque al cliente?" O, "Empleador, ¿podemos tomar una foto con el cliente para agradecerles el trabajar con nosotros?" Normalmente el empleador dirá que sí.

Entonces, corre por el pasillo hasta encontrar a alguien más para tomar la foto desde el otro lado de la habitación (las selfies no son ideales para las fotos de grupo). Trata de colocarte en algún lugar en el centro de la foto y (si te sientes cómodo) pon tus brazos alrededor de los que te rodean para parecer un grupo feliz. Puedes estar en las esquinas, pero a todo el mundo le encanta un líder en el medio de la foto; es simplemente un bonito detalle cuando eres tú quien la comparte. Tienes la oportunidad de hablar menos sobre la foto cuando estás en el medio de ella.

Otra forma de pedir una foto podría ser: "Empleador, estoy haciendo un proyecto de grupo para una clase acerca de esta pasantía. ¿Le importa si tomo una foto de grupo de este proyecto en el que estamos trabajando y luego la presento a mi clase cuando haya finalizado esta pasantía?"

Pensará que es genial que tú compartas su información de manera positiva. Asegúrale que no compartirás ninguna información confidencial. Casi todo empleador dirá que sí a eso porque es publicidad sin esfuerzo y positiva para su grupo. Las fotos de grupo pueden ser parte de casi todos tus proyectos y pasantías. A continuación, puedes publicar esa foto en tu cuenta de medios sociales (siempre y cuando no vulnere la confidencialidad) y utilizar la fórmula anterior para elaborar una publicación excepcional.

Visite SafeSmartSocial.com/libro para registrar este libro gratuitamente y le enviaremos videos y aportes clave para ayudar a sus estudiantes a usar medios sociales para impresionar a universidades y empleadores.

Los puntos clave a recordar de este capítulo:

- Sé auténtico y profesional.
- Tratar de impresionar y ser impresionante son dos cosas diferentes.
- Hacer que otra organización hable favorablemente de tu desempeño es más valioso que la auto-promoción.
- Elige tus palabras sabiamente – a veces menos es más.
- No tienes que crear tu propio blog, pero trata de contribuir a foros y blogs relacionados con lo que te interesa y/o apasiona de tu carrera.
- Sé un líder con lo que ya sabes.
- ¡Siempre elimina aquellos mensajes viejos! No hay problema en borrar contenido obsoleto cuando no representa adecuadamente lo que eres hoy, sobre todo cuando puede ayudarte a brillar en línea ante un

posible empleador.

- La consistencia es clave.
- Es más probable que a tus empleadores actuales (y futuros) les guste lo que publiques acerca de su empresa cuando les das las GRACIAS de forma sincera por la oportunidad de trabajar allí (y les ayudes a promover un proyecto o cliente específicos).

CAPÍTULO CINCO

Sitios de redes sociales que te ayudan a brillar en línea

Los niños nunca han sido muy buenos para escuchar a sus mayores, pero nunca han dejado de imitarlos. – James A. Baldwin

---

L os padres me hacen muchas preguntas. "¿Cómo puedo arreglar el contenido malo que aparece bajo mi nombre en Google?", preguntan. La mejor respuesta que puedo dar es que hay que crear contenido excelente para desplazar las cosas malas hacia abajo, de modo que usted pueda hacer suya la primera página de resultados de Google. Usted tendrá que entrar en varias redes sociales que le ayudarán a desplazar las malas publicaciones en el ranking de búsqueda de Google, y así permitir que el buen contenido flote hacia la superficie.

Aquí hay una lista de mis redes favoritas que sugiero que todos usen:

Pasos para el éxito con LinkedIn

Es una muy buena idea dedicar mucho tiempo a llenar todos los campos del perfil de LinkedIn con información clara que describa su historial de trabajo y proyectos anteriores. Este es un formulario profesional de medios sociales. Este sitio es el "nuevo" modo de ser descubierto en línea, ya que aparece en la primera página de resultados de búsqueda en línea cuando la gente lo busca a usted.

LinkedIn es el futuro de los currículums. Atrás han quedado los días en que los empleadores confiaban en nuestro currículum en formato PDF o Microsoft Word sin buscarnos en línea. Hoy en día toman nuestro currículum y lo comparan con LinkedIn para poder darle cara a un nombre.

Logre que su hijo use el mismo nombre y apellido que ha usado en la escuela y en el formulario de admisión a la universidad. Que no utilice un segundo nombre a menos que lo utilice en el formulario de admisión.

Para estudiantes de escuela secundaria/middle schoolers (14 años de edad): Es una gran oportunidad para que publiquen proyectos escolares y escriban lo que aprendieron de cada proyecto.

Para estudiantes que están terminando la secundaria/ junior high schoolers (14 a 15 años): Es una gran oportunidad para que publiquen las organizaciones a las que se han unido, los deportes que practican o los clubes de honor a los que pertenecen, el trabajo voluntario que han realizado y lo que han aprendido de los proyectos escolares.

Para estudiantes de preparatoria/bachillerato/senior high schoolers (15-18 años): Es una gran oportunidad para mostrar todo lo anterior, así como los viajes que han hecho, las clases extracurriculares que han tomado, su currículum, su experiencia de trabajo y de pasantías y reconocimientos y/o recomendaciones.

Es bueno tener una historia completa y relevante en LinkedIn para que las universidades puedan descubrir y señalarla como una línea de partida profesional en línea.

Para los estudiantes universitarios (18-22 años): Tenga en cuenta que, dado que la versión impresa de su currículum no incluye una fotografía, y los directores de recursos humanos probablemente los conocieron en un evento de reclutamiento en el campus con cientos de otros aspirantes, necesitan una foto clara y profesional de ellos para que puedan identificarlos rápidamente.

Bajo cada descripción de los proyectos y experiencias de trabajo en LinkedIn, este es mi técnica que ayudará a cualquier persona a sobresalir entre la multitud:

La primera línea de su descripción de trabajo debe incluir una descripción de una oración de lo que la organización o empresa hace en su industria. Esto ayudará a gente externa a entender rápidamente el contexto de su papel en la empresa. Por ejemplo, escribí bajo Disney Studios: "Disney es el mayor conglomerado de medios y entretenimiento en el mundo, con ingresos de 36,100 millones de dólares".

La segunda sección de la descripción debe incluir cuál fue su papel en la empresa u organización. Puede enumerar o escribirlo en un párrafo, y puede estar hecho a modo de agradecimiento. Por ejemplo, yo escribí:

> *"Disney/Buena Vista Home Entertainment fue una experiencia maravillosa para mí. Trabajé en estrecha colaboración con siete departamentos y administré todas las áreas de proyectos de DVD de principio a fin. Mi jefe sentaba las bases para la producción, y yo asistía a todas las reuniones para dar seguimiento a los aspectos creativos, de operaciones, finanzas, promoción y medios. Negociaba con proveedores externos y la pasaba muy bien convenciendo a personas de otras divisiones. Disney fue un maravilloso lugar para comenzar mi carrera y a menudo hago referencia a este trabajo cuando hablo en público."*

Bajo la descripción de su trabajo, usted tiene la oportunidad de insertar viñetas o una cita especial que el empleador le haya escrito a usted en una carta de recomendación. Una de las mejores formas de vender es lograr que alguien diga cosas buenas de uno. A modo de ejemplo, esto es lo que puse en mi tercera sección:

Esto lo escribió mi jefe en Disney:

"Josh es entusiasta, persistente y positivo y, bueno, a la gente simplemente le agrada. Incluso ahora, cuando Josh viene de visita, empleados de cada nivel salen de sus oficinas para saludarlo. Las habilidades interpersonales de Josh son increíbles. Y lo mejor de todo, al igual que Superman, él utiliza su poder para bien, no para mal. Ha renegociado plazos, ha persuadido a los proveedores a dar un poco de esfuerzo extra, ha conquistado con sus talentos para lograr relaciones públicas extraordinarias − y siempre las personas que trabajan con Josh se sienten afortunadas, felices y relajadas. Esa es la parte mágica. La actitud de Josh no cesa de ser alegre. Arrójenle la retroalimentación difícil de un ejecutivo malhumorado, un 'No' insuperable, y Josh se recupera sin esfuerzo. Su negativa a tomar a los reveses profesionales de forma personal ayuda a mantener a todo el equipo centrado en los objetivos de negocio durante negociaciones tensas y potencialmente conflictivas."

-Lisa Clements, Directora de Marketing de Walt Disney Studios

Aprenda más de mis consejos de LinkedIn viendo un video en SafeSmartSocial.com/libro para obtener un exclusivo conjunto de consejos que puede utilizar para configurar su currículum digital.

Pasos para el éxito con Google Plus

Google Plus es propiedad de Google y por lo tanto sus

resultados reciben una ventaja injusta sobre otras cuentas de medios sociales para que aparezcan en la primera página de resultados de búsqueda. Cuando alguien te busque en línea, querrás poseer y controlar la primera página de los resultados de búsqueda que vean, y ya que Google Plus es propiedad de Google, es un gran lugar para comenzar.

Si tienes una cuenta de Gmail, puedes activar rápidamente tu cuenta de Google Plus con sólo unos clics.

Aunque los gerentes de recursos humanos y los departamentos de admisión universitaria utilizan esta red menos que LinkedIn, la red permitirá que te descubran en los resultados de búsqueda y de búsqueda de imágenes de Google mucho más rápido, ya que tiene una ventaja injusta en el algoritmo de Google. Probablemente estés pensando que no tienes tiempo de publicar contenido en otra cuenta. No te preocupes, todo lo que necesitas hacer es publicar una imagen y mensaje limpios en tu página de Google Plus una vez a la semana. La mayoría de las veces esto se puede hacer desde tu teléfono y puede ser una copia de tus mejores publicaciones de Instagram.

Es aconsejable utilizar una foto de perfil y biografía similares a las de LinkedIn, Twitter, Facebook y otras redes en que estés para que los que te busquen puedan descubrirte fácilmente.

Además, tu perfil de Google Plus debe mostrar enlaces a todas sus otras redes a modo que Google pueda vincularlos a tu "identidad digital" y utilizar esa información para entregar los resultados más relevantes a aquellos que te buscan. Esto te ayudará a "combatir" a las otras personas que aparecen en tus resultados de búsqueda.

Tu cuenta de Google Plus debe estar vinculada a tu dirección de Gmail para que puedas obtener actualizaciones en tu bandeja de entrada en caso de tener poco tiempo para revisar esta red.

Consejo táctico de Google Plus: habla en tercera persona.

Ya que muy pocas personas utilizan Google Plus, este es un gran lugar para utilizar las leyendas de las fotos de una manera que ayude a cambiar los resultados de Google, sin ser socialmente torpe. Google ama los resultados en tercera persona porque parece que alguien más los ha escrito. Y si alguien más los ha escrito, Google piensa que tal vez es más creíble que si los hubieras escrito tú mismo. Por ello, considera incluir tu nombre completo en las leyendas que describan las fotos. Esto te ayudará a ajustar tus resultados de imágenes de Google.

Ejemplo: "Gracias al Refugio de Animales del Condado de Orange por dejar que Josh Ochs y sus amigos sirvieran de voluntarios para ayudar a siete perros a encontrar hogar este fin de semana."

En Instagram sería muy raro hablar de ti mismo en tercera persona mientras tus amigos te están siguiendo, sin embargo, en Google Plus esta técnica funciona muy bien.

Pasos para el éxito con su sitio de Internet personal – ejemplo: JoshOchs.com

Cuando la gente busca mi nombre en línea como "Josh Ochs", es mi meta que Google y Bing sean capaces de reconocer rápidamente a mi sitio web personal como la autoridad con esas palabras clave. Es por ello que compré JoshOchs.com y poco a poco he ido añadiendo contenido a lo largo de los últimos años.

Comprar su propio sitio web y nombre de dominio es una excelente manera de que usted pueda poseer rápidamente algo en línea que con el tiempo pueda ayudarle a controlar la primera página de sus resultados de búsqueda. Esto se convierte en parte de su identidad en Internet. Aquí usted puede comenzar su propio portafolio de logros y actualizarlo regularmente. Ya se trate de atletismo, trabajo social, voluntariado, etc. usted podrá publicar fotos y videos en su propio sitio web para que los motores de búsqueda lo pongan delante de otros resultados aleatorios.

Para ver cómo montamos nuestros sitios, visite SafeSmartSocial.com/libro y registre este libro para ver un conjunto de videos gratuito en WordPress.

Mi nombre verdadero es Joshua pero la gente me llama Josh. Por lo tanto, he comprado el dominio con el deletreo exacto que la gente utiliza para buscarme en línea: JoshOchs.com. Si tener ambos nombres es importante para usted, usted podría comprar el deletreo formal de su nombre y hacer que remita al deletreo más común.

Aunque usted desee utilizar el dominio que incluya el deletreo de su nombre que la gente buscará, también es acertado comprar la manera en que escriben mal su nombre (en mi caso tengo un apellido que es mal escrito a menudo). A modo de ejemplo: soy dueño JoshOaks.com y de JoshOchs.com. Dirijo el tráfico del dominio mal escrito al dominio escrito correctamente. Es una inversión para que la gente me descubra y no se pierda. Si usted visita JoshOaks.com instantáneamente será remitido a JoshOchs.com.

Cuando haya construido su sitio web, podrá agregar proyectos, currículums y trabajo voluntario al menos una vez al mes. Cuanto más a menudo comparta contenido útil y relevante, será más probable que los motores de búsqueda vean que su sitio web es dinámico y útil para que a las personas les aparezca en su primera página de resultados de Google.

Pida a otras personas que vean su sitio web y le proporcionen consejos para lograr que los mensajes y las fotos cuenten la mejor historia sobre sus logros. El sitio no tiene por qué ser muy elegante; la historia de sus logros y su portafolio son las partes más importantes.

Pasos para el éxito con Facebook

Mantenga un perfil en Facebook, incluso si usted piensa que es obsoleto. Los gerentes siguen utilizando Facebook para buscarlo. Los empleadores tienen tiempo para buscarlo en Internet y usted desea utilizar esto para sacar ventaja a los demás.

Este es un gran lugar para que publique fotos y descripciones de puestos de trabajo y trabajo voluntario que haya realizado.

No sea perezoso en línea sólo porque usted no crea que la gente lo encontrará. Considere esto: si algo está en Internet, la gente lo encontrará. Si algo está en Internet, es mejor estar orgullosos de ello porque cuando quede al descubierto, o bien será el botón de subir en el ascensor de su carrera o será el botón de bajar. **Cada mensaje lo llevará hacia arriba o hacia abajo.**

Utiliza tu nombre real de la manera en que alguien lo escribiría en una entrevista.

Si tu configuración de seguridad está puesta como sólo amigos, o sólo amigos de amigos, considera hacer público un grupo selecto de tus mejores imágenes, a modo que tu perfil sea el primero en ser descubierto en lugar del de otra persona por error.

Si bien las universidades revisan LinkedIn para ver tu presencia profesional, cada vez más están revisando Facebook para ver tu presencia personal. Esto es igual de importante para ellos ya que tú estarás en su campus, tanto en entornos personales como profesionales.

Mantente limpio al no permitir que la gente te etiquete en fotos de forma automática sin que requiera tu aprobación. Asimismo, no dejes que la gente te registre automáticamente en línea en locales, ya que tal vez no estés en algún lugar que te haga brillar en línea. Aunque estés en una simple cafetería, tu amigo podría registrarte y en tu perfil se leería: "¡Estoy en La Prisión!", lo cual podría parecer inapropiado a una persona ajena que podría malinterpretar fácilmente el nombre del lugar.

Tiene sentido mantener tu cuenta de Facebook visible a "sólo amigos" como valor predeterminado. Pero si estás tratando de impresionar a las universidades, podrías considerar eliminar las fotos o mensajes inapropiados de tu Facebook de modo que puedas tenerlo público y poder exponer muchas de tus actividades de voluntariado y tu logros en tu perfil. Otra opción es establecer ciertas publicaciones como públicas.

Incluso si tu Facebook está oculto, asegúrate de publicar contenido Seguro, Atento y Simpático®. Se puede encontrar cualquier cosa en Internet (y muchos de tus mejores amigos pueden comentar o compartir accidentalmente algo que deje tus fotos al descubierto).

Si tienes entre 13 y 15 años de edad, tal vez sea prudente mantener tu perfil privado. Sin embargo, si tienes entre 16 y 19 años de edad (y las universidades y/o los empleadores están empezando a buscarte) puede ser el momento de comenzar a limpiar tu perfil y hacerlo público para que te descubran haciendo buenas cosas en línea.

Pasos para el éxito con Twitter

Considera crear una biografía clara y concisa que dé una excelente impresión tuya (sin revelar demasiada información personal). Si tienes más de 15 años, habla con tus padres acerca de ser claro con tu biografía. No cites tu película favorita o una canción. En su lugar, considera que la biografía sea sobre ti mismo y que te represente de la manera más favorable que puedas. Tal vez podría sonar así: "Me encanta el softbol y me siento honrado de ser primer lanzador del equipo de mi escuela preparatoria".

Otro buen ejemplo: "Soy un estudiante de último año en la Orange County High School y me encanta el fútbol, el voluntariado, y viajar".

Asegúrate de utilizar tu nombre real y de que esté escrito de una manera similar a la forma en la que esperas que una universidad te busque en línea. Esto ayudará a que tu usuario de Twitter aparezca en la primera página de tus resultados de búsqueda.

Permítanme ponerme de ejemplo: Mi nombre de perfil es "Josh Ochs" (la forma en que una universidad podría buscarme) y mi usuario es @JoshOchs (lo cual facilita que los motores de búsqueda me vean como el verdadero Josh Ochs y lo cual facilita a que las universidades hagan la conexión). Esto garantiza que mi usuario de Twitter aparezca en la primera página al hacer una búsqueda de "Josh Ochs" en Google o Bing.

Esto es lo que no se debe hacer en Twitter:

Por ejemplo, un mal nombre de usuario para Christina Smith sería @CuerpoSexy37 junto a una biografía que diga: "Te extrañé desde que supe que nunca volvería a verte". El nombre de usuario que Christina ha seleccionado le indica a las universidades que no quiere que la tomen en serio en línea. Además, su biografía no es directa y es un poco dramática. No ayudará a una universidad a saber si ella es la verdadera Christina Smith que están buscando. En vista de que los oficiales de admisión universitaria tienen tan poco tiempo para investigar mientras tu aplicación está en su escritorio, es necesario asegurarse de que seas fácil de encontrar en todas las redes.

¿Qué debes compartir en Twitter?

Twitter es un gran lugar para compartir algunas de tus fotos más positivas de Instagram que creen un portafolio de tus logros. Además, es un excelente lugar para compartir frases positivas que sean fuente de inspiración para otros. Ten cuidado de no compartir frases demasiado dramáticas.

Si tienes entre 13 y 15 años de edad, tal vez sea prudente mantener tu perfil privado. Sin embargo, si tienes entre 16 y 19 años de edad (y las universidades y/o los empleadores están empezando a buscarte) puede ser el momento de comenzar a limpiar tu perfil y hacerlo público para que te descubran en línea. Si mantienes tu perfil de Twitter privado después de los 19 años de edad, los empleadores y las universidades podrían preguntarse qué estás tratando de ocultar, ya que Twitter está diseñado para ser sobre todo un tablero de anuncios público.

¿Cómo pueden los maestros interactuar responsablemente con los estudiantes que utilizan los medios sociales?

Será cada vez más difícil interactuar con los estudiantes en línea. He aquí una idea de la guía de seguridad de medios sociales de Facebook que podría funcionarle a usted:

Mantener una página o un grupo es una gran manera de establecer una presencia como maestro sin desdibujar la línea entre su vida personal y profesional. Usted puede interactuar con los padres, estudiantes y colegas a través de su página o grupo, llamada algo así como "La clase de ciencias de noveno grado de la señorita Hernández".

Pasos para el éxito con Instagram

Al igual que en Twitter, crea un biografía bien definida y clara en Instagram con un nombre de usuario que sea fácil para los motores de búsqueda vincularla con tu nombre real (mira mi perfil @JoshOchs o Instagram.com/JoshOchs como un ejemplo en Instagram). Sé muy claro acerca de quién eres y utiliza la misma foto de perfil que hayas utilizado para los demás sitios. Esto ayudará a conectar todos tus perfiles.

Ya que Instagram es tan ampliamente utilizado, es fácil que varios perfiles aparezcan bajo tu nombre. Tener una imagen uniforme y una biografía clara te identificará y evitará cualquier tipo de confusión con otras cuentas que parezcan tuyas.

Instagram puede ser parte de una reputación bien equilibrada a través de varias redes. Como siempre, asegúrate de que todo lo que publiques en Instagram sea Seguro, Atento y Simpático®.

Si tratas de impresionar a las universidades, podrías considerar borrar cualquier foto inapropiada de tu Instagram para que puedas mantenerlo público y así permitir que la gente descubra muchas de tus actividades de voluntariado en tu perfil. Haz que tu mejor amigo revise tu perfil y te diga qué imágenes debes eliminar antes de hacer público tu Instagram.

También ten en cuenta que si compartes la mayoría de tus fotos privadas de Instagram en Twitter (y tu Twitter no es privado), entonces en realidad estás haciendo pública tu cuenta de Instagram con cada mensaje. Es muy fácil que alguien visite tu cuenta de Twitter y busque a través de tus fotos de Instagram para burlar la configuración de privacidad. Tu reputación podría extenderse a estas otras redes.

Si tienes entre 13 y 15 años de edad, tal vez sea prudente mantener tu perfil privado. Sin embargo, si tienes entre 16 y 19 años de edad (y las universidades y/o los empleadores están empezando a buscarte) puede ser el momento de comenzar a limpiar tu perfil y hacerlo público para que lo descubran en línea. Habla con tus padres antes de hacer esto, de modo que todos estén en sintonía.

Pasos para el éxito con YouTube

Debido a que YouTube es propiedad de Google, también recibe una ventaja injusta en los resultados de búsqueda. Google sabe que a la gente le encanta los videos y por eso los videos suelen aparecer en la primera página de resultados de búsqueda en una consulta.

Es una buena idea vincular tu cuenta de YouTube a tu nombre de Google Plus para que puedas hacer un mismo inicio de sesión y controlar ambos.

Proporciona un enlace en tu perfil de YouTube que enlace con tu perfil de Google Plus para que Google pueda ver que estás comenzando a tejer tu red en línea.

Si tienes proyectos o videos sirviendo como voluntario, podrías considerar preguntarle a tu amigo o a uno de tus padres si el contenido es bueno para que una universidad lo descubra en línea. Si es así, entonces considera ponerlo en tu cuenta de YouTube como un video público para que puedas construir este tan importante perfil. Todas las computadoras Mac y PC incluyen un software de edición de video gratuito que te permitirá editar ligeramente los fragmentos de video y agregar un título de introducción para explicarlos. Esto garantiza que tus videos cuenten la historia correcta en YouTube.

No inundes tu cuenta de YouTube con videos para entretener a tus amigos. En su lugar, mantente Seguro, Atento y Simpático® en cada vídeo y asegúrate de agregar valor para los que podrían verlo. A modo de ejemplo: Si buscas en Google "Josh Ochs Jeep" encontrarás uno de mis videos de YouTube más populares donde comparto con la gente cómo pueden reparar los faros de su Jeep Grand Cherokee. Ha recibido miles de visitas y muchos comentarios. No me molesta que mis clientes descubran este video, ya que muestra que uno de mis pasatiempos es trabajar con mis manos, y la pasé bien creando una solución bien pensada que pueda ayudar a otros propietarios de automóviles. Este pequeño proyecto ayuda a construir mi portafolio profesional ya que lo incluyo en reuniones de marketing con mis clientes como un ejemplo que pueden utilizar para ayudar a sus clientes con sus videos.

Pasos para el éxito con Gmail

Cuando comiences a solicitar empleo fuera de la universidad, considera obtener una nueva dirección de Gmail que no incluya el nombre de tu universidad. Esto te distinguirá como un profesional en lugar de un estudiante (por no hablar de que el acceso a tu cuenta de estudiante quizás expire cuando te gradúes).

Quizás hace muchos años creaste una dirección de correo electrónico con tu apodo, pero eso no suena muy profesional. Ahora sería un buen momento de configurar una dirección de correo electrónico con el siguiente formato: [Nombre] + [Apellido] @ gmail.com o [nombre] + [inicial del segundo nombre] + [apellido] @ gmail.com. Gmail es visto como un sistema de correo electrónico que usan los profesionales y será bien recibido si la dirección contiene un nombre que te identifique claramente.

Nunca serás mayor para tu dirección de correo electrónico si ésta contiene tu nombre completo. Sin embargo, sí serás demasiado mayor para una dirección de correo electrónico que contenga un nombre de usuario de tu niñez. Como ejemplo, mi dirección de correo electrónico de niño fue Swimmer174@aol.com. Ya que era el capitán del equipo de natación de la escuela secundaria, esto me pareció apropiado en el momento. Sin embargo, desde entonces he cambiado mi dirección de correo electrónico a un formato más similar a [Nombre] + [Apellido] @ Gmail.com. No sólo es que mi dirección de correo electrónico de la escuela secundaria carecía de visión a largo plazo, también era difícil que las personas encontraran mi dirección de correo electrónico cuando abrían un nuevo mensaje y escribían "Josh Ochs" ya que Swimmer174 no aparecía entre las opciones de auto-sugerencia.

Es importante tener una dirección de correo electrónico clara y profesional. En la escuela secundaria, esta podría ser una de las mejores maneras de destacar entre tus compañeros. Después de la secundaria, tener una dirección de Gmail profesional será la norma, de modo que tener una desde antes te distinguirá de los demás.

No hay necesidad de enviar un mensaje a todos avisándoles que has cambiado tu dirección de correo electrónico. Busca bien en la configuración de Gmail y dale permiso para acceder a tu antigua cuenta de correo electrónico automáticamente para que pueda descargar cualquier mensaje nuevo a tu nueva cuenta de forma gratuita. Luego podrás empezar a contestarle a todo el mundo con tu nueva dirección y dirigirás todo a tu nueva cuenta de Gmail sin problemas.

Aprende más sobre esta técnica en SafeSmartSocial.com/libro.

Como beneficio adicional, cuando el lugar de tu pasantía o tu empleador quieran enviarte algo en línea, ya sea una presentación, una hoja de cálculo, un producto o un documento, puedes recomendar, "Por favor, compártalo conmigo a través de Google Docs. Aquí está mi cuenta de Gmail, nombre.apellido@gmail.com". Si esta dirección no es una descripción clara de tu identidad, entonces tal vez no les parezca muy bien. Les gustará mucho poder contactarte a través de una identidad de correo electrónico profesional que coincida con tu nombre completo.

Visite SafeSmartSocial.com/libro para registrar este libro gratuitamente y le enviaremos videos y aportes clave para ayudar a sus estudiantes a utilizar medios sociales para impresionar a universidades y empleadores.

Los puntos clave a recordar de este capítulo:
- Han quedado atrás los días en que los empleadores confiaban en tu currículum en formato PDF o Microsoft Word sin buscarlo en línea.
- Es bueno tener una historia completa y relevante en LinkedIn que las universidades puedan descubrir y señalar como una línea de partida profesional en línea.
- Ten en cuenta que, dado que la versión impresa de tu currículum no incluye una fotografía, y los directores de recursos humanos probablemente te conocieron en un evento de reclutamiento en el campus con cientos de otros aspirantes, es necesaria una foto clara y de buen gusto para que ellos puedan identificarte rápidamente.
- Cuando alguien te busque en línea, querrás poseer y controlar la primera página de los resultados de búsqueda que vea, y ya que Google Plus es propiedad de Google, es un excelente lugar para comenzar.
- Cuando hayas construido tu sitio web, podrás agregar proyectos, currículums y trabajo voluntario al menos una vez al mes.
- Si tu configuración de seguridad está configurada como 'sólo amigos', o 'sólo amigos de amigos',

considera hacer público un grupo selecto de tus mejores imágenes, a modo que tu perfil sea el primero en ser descubierto en lugar del de otra persona por error.

· Es importante tener una dirección de correo electrónico clara y profesional. Nunca crecerás para tu dirección de correo si esta contiene tu nombre completo.

· Considera crear una biografía clara y concisa que cause una buena impresión en línea (sin revelar demasiada información personal).

CAPÍTULO SEIS
Cómo y cuándo hacer tu imagen privada

La planificación es traer el futuro al presente, para poder hacer algo al respecto ahora. - Alan Lakein

E l objetivo de este capítulo es mostrar cuándo es aceptable privatizar tus perfiles en línea y cuándo podría parecer un comportamiento engañoso. Resulta que las universidades y los empresarios quieren encontrarte en línea. Si ocultas tu imagen en línea un empleador seguirá investigando, ya que quieren descubrir más acerca de ti. Las universidades y los empleadores son muy buenos en ubicar a las personas y utilizan diversas herramientas que les ayudan a hacerse una idea completa de alguien. Ellos no son nuevos en esto. Te daremos algunos consejos que te ayudarán a mantenerte seguro, pero a la vez mantener una presencia visible en línea.

En un capítulo anterior hablamos de los errores de otros que les evitan tener una imagen limpia en línea. Este capítulo se centrará principalmente en ayudarte a mantenerte seguro por medio de ejemplos de qué tanto deberías privatizar tu imagen en línea. La idea principal es que debes tener cuidado al compartir información de identificación personal en línea.

¿Qué es la Información de Identificación Personal (PII)?
PII (del inglés Personally Identifiable Information) es

cualquier información que la gente puede utilizar para saber tu paradero, edad, patrones de comportamiento, horario o apariencia. Vamos a mostrar cómo compartir demasiada información de identificación personal puede hacer que tu vida sea menos segura.

Si publicas lo siguiente en medios sociales, entonces estás compartiendo información de identificación personal en línea: tu dirección, cumpleaños y edad (o año de nacimiento), cualquier cosa que esté incluida en tu contraseña (como el nombre de tu perro o gato), o tu segundo nombre.

Información más profunda podría incluir tus opiniones sobre maestros o tu escuela. Con esa información, cualquier persona podría saber dónde vives y ciertas personas podrían averiguar qué estás estudiando, o qué año de escuela estás cursando. El nombre de tu escuela puede alertar a alguien exactamente dónde te encuentras durante horas escolares.

Otra cosa que podría meterte en problemas es compartir cuándo tú y tu familia se irán de vacaciones. Eso deja muy claro que no hay nadie en la casa para cuidar de ella.

Consejo táctico: ¿Tomas muchas fotos en tus vacaciones? Considera la posibilidad de esperar regresar a casa antes de publicar una foto del viaje. Un posible mensaje sería así: "La pasamos muy bien la semana pasada en Hawái en la Isla Grande. En esta foto estamos mirando las olas".

Además, si tus padres o familiares viajan regularmente por trabajo o si te quedas solo en casa varios días de la semana, no menciones su calendario de viajes en línea. Es mejor enviar un mensaje de texto a tu mejor amigo y/o a tus amigos más cercanos acerca de la agenda de tu familia. Considera evitar compartirlo en línea ya que en realidad les estarás informando a todos en tu red (y posiblemente a sus contactos o al público en general) exactamente cuándo tu familia estará de viaje (o cuándo se quedarán solos los niños). ¿Te pondrías de pie en una cafetería y dirías tu dirección en voz alta?

Imagina que tus mensajes en los medios sociales son

similares a estar en una cafetería mientras mantienes una conversación con tus amigos que decenas de personas interesadas están escuchando. ¿Quieres que todos sepan dónde vives? ¿Quieres que la gente del café sepa cuándo andarás de viaje? ¿Quieres que extraños sepan que estás solo en casa? Muchas personas (que no van a comentar) pueden ver tu post, y la mayoría de ellas son personas que no conoces. Si no es algo que gritarías en una cafetería, entonces probablemente no pertenezca a tu perfil público.

¿Te sientes cómodo con que todos tus amigos de internet conozcan a tus padres?

Otro aspecto de mantener privada tu imagen en línea es decidir con quién te sientes cómodo compartir dónde vives. Para empezar, tus mejores amigos en línea son aquellos con quienes te sentirías completamente cómodo si vinieran a cenar para conocer a tu familia y/o padres (o tal vez ya conozcan a tus padres). Si estás en la zona gris y no sabes si tus padres o familiares los aprobarían, entonces ten cuidado antes de aceptarlos como tus "amigos" en línea, ya que pueden ver toda tu información. Asegúrate de saber quiénes son en la vida real y si no te molestaría que tu familia los conociera.

Pensando en esa misma línea, considera todo lo que publiques y pregúntate, "¿Estoy de acuerdo con que mis padres, amigos y futuros empleadores vean esto?" Facebook nos recuerda en su guía de seguridad: "También recuerda que cualquier información que publiques – ya sea en un comentario, una nota o un chat de video – puede ser copiada, pegada, y distribuida de una manera que no deseabas. Antes de publicar, pregúntate – ¿estaría de acuerdo si este contenido se compartiera ampliamente en la escuela o con mi futuro empleador?"

Búscate en línea cada mes

Comprueba qué información hay en línea acerca de ti cada mes. Hay una manera fácil de ver lo que otras personas ven cuando te buscan. Google y Bing son motores de búsqueda increíblemente poderosos que adaptan sus búsquedas a las preferencias en línea de cada persona. Ya que Google es propietario de Gmail, puede realizar un seguimiento de lo que buscas y tiene acceso a todo tu historial de búsqueda.

Cuando te buscas a ti mismo mientras estás conectado a Gmail, tus resultados están sesgados por las preferencias que Google ha grabado para ti. Para corregir esto, es necesario cerrar la sesión de los servicios relacionados de Google, Gmail y Google Plus antes de buscarte a ti mismo. Esto puede tardar varios minutos y ser muy molesto si olvidas tu contraseña para volver a entrar.

¿No sería bueno si pudieras abrir una nueva ventana del navegador que temporalmente (sólo en esa ventana) te permita realizar búsquedas en la web en un "modo oculto"? Esta característica del navegador está disponible y se llama Modo Incógnito o Navegación Privada (dependiendo del navegador que utilices).

En Google Chrome, puedes navegar en modo incógnito haciendo clic en el botón de menú que se encuentra en la parte superior de la pantalla en el lado derecho. Haz clic en "Nueva Ventana Incógnito" para iniciar una nueva experiencia temporal en "modo oculto" y retirar el sesgo en los resultados del motor de búsqueda para ver con más precisión los resultados nativos de Google (lo que otros ven de ti).

Para ver un video instructivo sobre esta función, por favor visite SafeSmartSocial.com/libro

¿Cómo saber cuándo algo nuevo en línea aparece en los resultados de búsqueda?

A continuación, puedes utilizar las Alertas de Google para rastrear tus resultados y que te los envíen cada mes. Como consejo, pon tu nombre entre comillas. De esta manera, si alguien te menciona, obtendrás únicamente los resultados de "Josh Ochs" y no "Josh" u "Ochs". Esto reduce la cantidad de resultados de búsqueda a (ojalá) sólo los tuyos.

Otra gran herramienta es Mention.com, la cual busca con

mayor precisión en las redes sociales y blogs. Cuesta menos de $20 al mes, pero proporciona resultados más sólidos que las Alertas de Google. Todo lo relacionado con tu búsqueda que esté en línea puede ser enviado directamente a tu bandeja de entrada y se puede personalizar. Yo personalmente pago por este servicio y lo uso para monitorear mi imagen y la de mis clientes. Al registrar este libro en SafeSmartSocial.com/libro obtendrás una prueba gratuita de Mention.com.

¿Entiendes cómo ganan dinero las empresas de medios sociales?

Se necesita una gran cantidad de dinero para dirigir un gran sitio de redes sociales, como Facebook o LinkedIn. ¿Te has preguntado cómo estas empresas le pagan a sus diseñadores, comercializadores y otros empleados si su servicio se ofreciera de forma gratuita?

Caroline Knorr de Common Sense Media anima a los padres y estudiantes a tener esta conversación. Ella dice:

> *"Hable de cómo las compañías de medios sociales ganan dinero. Discutan cómo las empresas de redes sociales ganan dinero a partir de 'servicios gratuitos'. Deje claro que cada interacción que tenga con un sitio le brinda a la empresa información sobre el usuario (dónde ha hecho clic, en qué ha hecho clic, a qué le ha dado un 'me gusta', quién está en su red, etc.). Discuta el valor de esa información para las empresas, y cómo las empresas venden esa información a otras compañías. Es importante que los niños sean consumidores informados de los productos y servicios que utilizan, que sepan que las compañías de medios sociales no siempre son transparentes acerca del arreglo de negocios al que someten a los usuarios cuando se inscriben. Si usted ayuda a sus hijos a ver a los medios sociales de forma crítica, pueden que sean menos propensos a abusar de ellos".*

¿Debería utilizar un nombre falso u ocultar completamente mi perfil de los departamentos de admisión/ Recursos Humanos?

Muchas personas dicen que han escondido completamente su perfil de Facebook (o han creado un nombre falso), de modo que las universidades y los empleadores no puedan encontrarlas en los resultados de búsqueda. Actúan como si hubieran burlado a las universidades y a los empleadores, pero creo que esto los dañará en el largo plazo. Los oficiales de admisión y los departamentos de recursos humanos prefieren encontrar tu cuenta desde un principio en lugar de tener que seguir buscando. Muchas veces confundirán el perfil de otra persona con el tuyo (que puede contener fotos aún peores que las tuyas). Estás poniendo tu futuro en las manos de los resultados de búsqueda y en la página de Facebook de alguien más. ¿Por qué no mantienes tu identidad limpia y te aseguras de que sea fácil de encontrar, y que sea algo que te enorgullezca que la gente descubra?

¿Qué deberías publicar en Facebook para que te ayude a sobresalir?

Puedes considerar encontrar las 15 a 20 imágenes más atractivas de tu perfil de Facebook y permitir que específicamente esas estén a la vista del público. Una de ellas debe ser tu foto de perfil y debe ser la misma imagen que utilices como fotos de perfil en todas tus formas de medios sociales, incluyendo LinkedIn. Asegúrate de que tus fotos sean positivas, sinceras y que sea fácil reconocerte en ellas. Quieres que la gente vea fotos que te den una muy buena imagen y te proporcionen una reputación bien equilibrada. Pueden ser fotos de grupo de trabajo voluntario, una foto de grupo tuya en un evento de networking (de buen gusto y sonriendo), en un proyecto en grupo, o de viajes. Cualesquiera que sean las fotos, que las revise un amigo y asegúrate de que estés causando la mejor impresión que puedas. Entonces hazlas públicas porque quieres que te descubran y así poder sobresalir entre los muchos resultados de la búsqueda en línea. Un poco de publicidad de manera Segura, Atenta y Simpática® puede ser muy beneficiosa.

Facebook incluye el siguiente consejo para padres de adolescentes y preadolescentes:

Facebook permite a los usuarios controlar el público de sus publicaciones. Aconseje a sus hijos que revisen su configuración de privacidad y que se aseguren de pensar bien con qué personas comparten contenido en Facebook. Aliéntelos también para que usen su Registro de Actividad, una herramienta eficaz que permite revisar y administrar el contenido compartido en Facebook. Con su registro de actividad, puede administrar quién ve su contenido en Facebook. Nadie más puede ver dicho registro.

Esta es una herramienta segura para ver lo que ha publicado, que se remonta a la primera vez que abrió su perfil de Facebook. Revise su registro de actividad para asegurarse de que sólo la información que desee esté ahí y elimine todo lo demás.

Consejo táctico: Una vez que hayas hecho públicas algunas de tus fotos, considera utilizar el modo de incógnito/navegación privada para ver tu perfil con resultados de búsqueda más naturales (como una persona externa). Desplázate a través de todas las pestañas en la parte superior del motor de búsqueda para ver las fotos y videos.

¿Qué redes deberías mantener privadas?

Facebook debe mantenerse principalmente privada. Primero da un paso atrás, sin embargo, y asegúrate de que todo lo que publiques sea Seguro, Atento y Simpático®, ya sea público o no. No se puede ocultar el mal comportamiento. Sin embargo sí puedes ocultar algunas de tus imágenes, a modo que no las geo-etiqueten y la gente no pueda ver dónde vives. Hacer privada tu página de Facebook no te ayudará a ocultar las malas decisiones que tomes en línea. Sólo te ayudará a evitar que tu información de identificación personal se propague.

Twitter no está diseñada para ser una red privada. Si intentas hacer privados tus tuits, el empleador querrá saber qué estás tratando de mantener en secreto, ya que se supone que Twitter es un lugar público para compartir pensamientos cortos y noticias.

Instagram, por otro lado, puede ser privada porque comparte muchas fotos e información de identificación personal. Asegúrate de conocer a todos los que te sigan. Además, tus seguidores pueden compartir enlaces de Instagram en otras redes. Si tuitean enlaces con tu nombre, hacen que la información esté disponible en los resultados de búsqueda. Es buena idea vivir una vida en todas las redes que sea Segura, Atenta y Simpática® (en caso de que algo salga mal).

LinkedIn es una red pública, profesional que puede llevar a que logres una mejor carrera. Todo en LinkedIn debe ser público para que la gente pueda ver todo tu portafolio. Todo en LinkedIn debe ser 100% Seguro, Atento y Simpático® y profesional. Si te sientes cómodo, considera publicar la mayoría de tus proyectos allí. No pongas nada allí que no te enorgullezca mostrar. Además, trata de equilibrar tu imagen profesional sin dar demasiada información de identificación personal. Las partes de LinkedIn que deberías ocultar (o no completar en absoluto) son las áreas que solicitan tu fecha de nacimiento y tu estado civil. Estas son dos partes de LinkedIn que (en mi opinión) no deberían formar parte de tu currículum público. Esta información no tiene nada que ver con si eres un buen candidato para una universidad o un empleo.

¿Debería ser público tu blog? Se supone que se deberían encontrar los blogs en Google, así que sí, siempre deberías considerar hacer público tu blog. Siempre debe incluir contenido que ayude a los demás de una manera que te enorgullezca y con la que sea fácil estar de acuerdo (ni dramática ni controvertida). Puedes aprender más acerca de mi blog en JoshOchs.com para ver cómo comparto notas cortas de mis viajes y experiencias para dar mejor forma a mis resultados de búsqueda.

Consejos de privacidad de Symantec

Satnam Narang es uno de los principales expertos de seguridad en línea de Symantec y nos ayuda a comprender cómo permanecer seguros en línea. He aquí algunos de los consejos de Satnam para proteger tus cuentas sociales:

Es un mundo social

La fuerza más dominante en Internet hoy en día es lo social. En este momento, tengo amigos compartiendo sus ideas de boda en Pinterest, publicando fotos de lattes en Instagram, compartiendo su look en Snapchat, registrándose en restaurantes con Foursquare, publicando vines de sus gatos, compartiendo fotos de bebés recién nacidos en Facebook y tuiteando que esperan ansiosos el estreno de su programa favorito. Como estos servicios son cada vez más populares, cada vez más son el blanco de estafas, correo basura (spam) e intentos de phishing (suplantación de Identidad).

Conoce tus ajustes

Symantec Security Response recomienda a los usuarios de redes sociales que se familiaricen con la configuración de privacidad y los servicios de seguridad que ofrecen cada una de estas redes y aplicaciones sociales.

¿Pública o privada?

De forma predeterminada, muchos de estos servicios te animan a compartir contenido públicamente. La mayoría ofrece privacidad como un ajuste global para hacer su perfil público o privado, mientras que algunos ofrecen más opciones, lo cual te permite hacer que los mensajes individuales sean públicos o privados. Asegúrate de revisar estos ajustes antes de publicar en estos servicios.

Contraseñas seguras y usar las mismas contraseñas.
Utiliza una contraseña segura para cada servicio y asegúrate de no usar las mismas contraseñas a través de tus redes

sociales. Si está disponible, permite la autenticación de dos factores. Algunos servicios como Facebook y Twitter ofrecen autenticación de dos factores como una medida adicional de seguridad para tu cuenta. Normalmente, para acceder a un servicio, introduces una contraseña, que es algo ya sabes. El uso de la autenticación de dos factores introduce algo que tienes, por lo general en forma de un número generado aleatoriamente o un token que puedes recibir en tu teléfono a través de SMS o un generador de números dentro de la aplicación móvil de los servicios. De esta manera, si tu contraseña queda comprometida, el ladrón tendrá que acceder a tus mensajes SMS o de texto antes de que pueda iniciar sesión.

Conoce a tu enemigo

Los mayores enemigos de la mayoría de los usuarios de redes sociales y aplicaciones son los spammers y estafadores que quieren secuestrar tus cuentas sociales para enviar spam, convencerte de llenar encuestas, o instalar aplicaciones.

Lo gratis no sale gratis.

Muchos estafadores tratarán de seducirte con la idea de que puedes ganar artículos gratis o tarjetas de regalo si llenas una encuesta, si instalas una aplicación, o si compartes una publicación en su red social. Simplemente no es tan fácil, y al hacerlo, podrías estar revelando tu información personal.

¿Quieres más seguidores y "me gusta"?

Siempre hay un precio a pagar por tratar de conseguir más seguidores y "me gusta". Ya sea que pagues dinero por seguidores falsos y "me gusta" o voluntariamente renuncies a las credenciales de tu cuenta para convertirte en parte de una botnet social (conjunto de robots informáticos o bots), estas estafas no valen la pena.

En los temas del momento (trending topics) abunda el abuso. Así se trate de eventos deportivos o cantantes pop, la muerte de celebridades, o los episodios finales de temporadas o series de televisión populares, o el más reciente anuncio de aparatos electrónicos, los estafadores y spammers saben qué es popular y siempre encuentran una manera de insertarse en la discusión para engañar a los usuarios para que realicen su oferta. Debes saber que esto es inevitable y por eso debes pensarlo dos veces antes de hacer clic en los enlaces a ciegas.

¿Es tuya esta imagen o video?

Estos estafadores quieren tu contraseña y tratarán de convencerte de que se la des sin que te des cuenta. Esto se conoce como phishing. Si haces clic en un enlace y éste lleva a una página web que se parece a una página de acceso a un servicio de red social, no escribas tu contraseña sin pensarlo. Revisa la barra de direcciones para asegurarte de que no es simplemente un URL largo que incluye la palabra Twitter o Facebook. Abre una nueva pestaña en el navegador y escribe manualmente twitter.com o facebook.com para ver si todavía estás conectado. Lo más probable es que todavía lo estés.

Todos estos consejos son importantes para mantener tu información personal segura. Mucha gente guarda su información en línea (como su segundo nombre, su número de teléfono, o su fecha cumpleaños), pero no la hace pública. Si alguien fuera capaz de entrar en su cuenta, sin embargo, tendrían toda esa información. Podría utilizarla para hacer muchas cosas, incluso solicitar tarjetas de crédito a tu nombre, sin que tú lo sepas.

Está bien pedirle a la gente que elimine fotos de ti en Internet El último consejo de Kim Sánchez como ex directora de Seguridad y Accesibilidad en Línea de Microsoft tiene que ver con restaurar tu reputación en línea. Ella dice: "Si encuentras información acerca de ti mismo que no se ajusta a la reputación que quieres, actúa con rapidez. De manera respetuosa, pide a la persona que lo ha publicado que elimine o corrija el error. Si sientes que es necesario que haga una rectificación pública, presenta tu argumento de manera sencilla y educada. No tiene sentido dejar información nociva o falsa sobre ti en Internet. Asegúrate de protegerte a ti mismo y a tu reputación".

Permítele a la gente descubrirte en línea de una manera en que puedas causar la mejor impresión. Asegúrate de que cuando te busques en Google, lo que descubras sea impresionante.

Visite SafeSmartSocial.com/libro para registrar este libro gratuitamente y le enviaremos videos y aportes clave para ayudar a sus estudiantes a utilizar los medios sociales para impresionar a universidades y empleadores.

Los puntos clave a recordar de este capítulo:
- ¿Tomaste muchas fotos en tus vacaciones? Considera esperar hasta llegar a casa antes de publicar una foto del viaje.
- Tus publicaciones son como los botones de un ascensor. Cada una de tus publicaciones te llevará hacia arriba o hacia abajo.
- Piensa en todo lo que publiques y pregúntate, "¿Estoy de acuerdo con que mis padres, amigos y futuros empleadores vean esto?"
- Búscate en línea cada mes en Google.
- Cuando te buscas en Google estando conectado a Gmail, tus resultados están sesgados por las preferencias que Google ha grabado para ti.
- Puedes considerar encontrar 15 a 20 imágenes más atractivas de tu perfil de Facebook y permitir que específicamente esas estén a la vista del público.
- Una vez que hayas hecho públicas algunas de tus fotos, considera usar el modo de incógnito/navegación privada para ver tu perfil con resultados de búsqueda más naturales (para ver tu perfil desde la perspectiva del público).
- La fuerza más dominante en Internet hoy en día son los medios sociales.

- Está bien pedirle a la gente que elimine fotos de ti en Internet.

CAPÍTULO SIETE

Cómo hablar con sus hijos

En lugar de preocuparse por lo que la gente dice de ti, por qué no dedicar tiempo a tratar de lograr algo que admirarán. – Dale Carnegie

---

S i le decimos a un niño pequeño, "No toques la estufa", ¿adivine qué querrá hacer? Tocar la estufa. O bien, si lo asustamos bastante, desarrollará una ansiedad y un miedo hacia la estufa que podría hacer que la evitara durante años. No queremos crear ninguna de estas reacciones. Si en cambio le enseñamos acerca de la cocina y cómo ayuda la estufa a calentar la sartén para cocinar la comida, entenderán mejor cómo se utiliza la estufa para bien, y por qué puede ser muy doloroso tocarla mientras está caliente. Este enfoque desmitifica la estufa, y neutraliza las emociones que rodean a la estufa de manera que ya ni es tentador tocarla ni le provocará ansiedad.

Utilizamos este método para mostrar a los niños que los medios sociales son una gran herramienta que pueden utilizar para causar una buena impresión. Al igual que una estufa, pueden quemar. Pero cuando se utilizan correctamente, pueden ayudarle a preparar un delicioso platillo, metafóricamente hablando.

Tshaka Armstrong, reportero de FOX 11, experto en tecnología, y Presidente y Director Ejecutivo de Digital Shepherds, recomienda:

> *Comience cuando estén jóvenes. No sólo con los medios sociales, sino con la tecnología en general. Normalice el uso de medios tecnológicos y sociales en su casa, de modo que no sea raro que usted participe en las "vidas de Internet" de sus hijos. Las cosas siempre se pondrán difíciles y por lo general enfrentará resistencia si espera hasta después para interponer su sabiduría y consejo, así que ¡cuanto antes mejor, y sea consistente!*

Excelente consejo.

Padres, tengan cuidado al decirles a sus hijos lo que está mal en las redes sociales

Se les ha dicho a los jóvenes que los medios sociales pueden ser perjudiciales, pero no necesariamente cómo pueden hacerles daño, o por qué deberían importarles esto. Si las directrices que reciben no tienen sentido, los jóvenes no las tomarán en cuenta, pensando que los adultos no entienden las cosas en las que ni siquiera participan ampliamente. Esta ingenuidad puede dañar sus imágenes en Internet, ya que tal vez hagan algo que los padres saben que es imprudente, u oculten el mal comportamiento a sus padres, sin saber que esto los perjudicará a largo plazo.

Uno de los mayores problemas es que los padres no alertan a sus hijos antes de tiempo sobre lo que no deben hacer en las redes sociales. O, si lo hacen, es con una reprimenda genérica como, "No digas nada negativo, todo es público". En cambio, considere la posibilidad de conversar con sus hijos acerca de lo que ocurre en los medios sociales. Asegúrese de que estén compartiendo su información con usted.

Considere conversar con sus hijos antes de que obtengan su primer teléfono

Podría empezar así: "Ya que yo compré este teléfono, estoy prestándotelo bajo estas condiciones. Debes ser mi amigo en cada aplicación que descargues (entonces enumérelas todas), y podré recuperar el teléfono en cualquier momento que yo quiera". Entonces, cuando vea algo preocupante podrá decir: "Recuerda que tomaste prestado mi teléfono que yo compré para ti; vamos a hablar nuevamente sobre las reglas."

Una forma de utilizar psicología positiva para conseguir buenos resultados de los jóvenes en su comportamiento en medios sociales es motivarlos a querer impresionar a la gente adecuada antes de publicar cosas en Internet.

Facebook incluye el siguiente consejo en su Guía de Seguridad En Línea:

> *Una de las mejores maneras de iniciar una conversación es preguntar a sus hijos por qué los servicios como Facebook son importantes para ellos. También puede pedirles que le muestren cómo configurar su propia línea de tiempo (timeline) en Facebook, y así podrá ver de qué se trata. Analice qué información es apropiada para compartir en la red, y cuál no.*

Cuando usted tenga esta conversación con su hijo, no se olvide de poner énfasis en trabajar con ellos y no contra ellos. Usted podría sentarse con su hijo y pedirle que lo guíe a través de sus cuentas de Twitter o Instagram. Pídales que le enseñen todo sobre esa plataforma de medios sociales para que puedan sentirse que son expertos en algo. Pregúnteles cómo deciden a quién seguir y por qué, cómo deciden qué publicar y por qué. Inevitablemente, habrá algo que ellos hayan publicado, o algo que uno de sus amigos haya publicado en su página, que les incomode que usted vea. Cualquier cosa que les avergüence mostrarle probablemente no debería estar en su cuenta para empezar, pero puede ser un buen lugar para continuar la conversación sobre cómo pueden brillar en Internet.

Los padres pueden iniciar una conversación que les muestre a sus hijos que ser Seguro, Atento y Simpático® puede hacerlos más populares a través de una reputación limpia en Internet. A veces es difícil conectar con nuestros hijos, o saber cómo decir las cosas en una manera en que ellos entiendan, pero es muy importante que lo hagamos de una forma comprensible a su nivel. Al trabajar con los niños, considere evitar el uso de estos términos de moda que fueron creados por los departamentos de marketing Fortune500: "ciudadano digital" y "alfabetismo digital". Estas palabras no forman parte de una conversación normal a nivel de escuela secundaria o preparatoria, y no tendrán impacto sobre los adolescentes en base a sus experiencias actuales.

Caroline Knorr, editora de temas de familia en Common Sense Media, ofrece algunos consejos a los padres sobre cómo iniciar una conversación con su hijo acerca de brillar en Internet:

Hable –y escuche – a sus hijos. Puede ser que le digan todo que necesite saber o al menos suelten el nombre de una aplicación o un sitio web que usted puede revisar por cuenta propia. Incluso si usted no puede estar al tanto de cada cosa nueva que aparece, concentre sus esfuerzos en mantener las líneas de comunicación abiertas para que sus hijos acudan a usted si surgiera algún problema. Asegúrese de que sus hijos sepan que está bien cometer errores y que no es necesario que se los oculten a usted – que de hecho usted puede ayudarlos a través de los momentos difíciles.

Hable acerca de la privacidad personal. La palabra "privacidad" significa diferentes cosas para diferen-

tes personas. Los ajustes de privacidad le permiten mantener ciertos detalles ocultos a sus contactos en la red social, así como a la propia compañía de redes sociales. Es interesante discutir los valores de su familia sobre la privacidad personal. ¿Qué información debe mantenerse privada? ¿Qué ajustes de privacidad usan sus hijos? ¿Cuáles son importantes? ¿Alguna vez han regresado y eliminado o editado antiguas publicaciones para que sus nuevos amigos no las vieran? ¿Qué información NO querrían que descubrieran potenciales universidades, empleadores, entrenadores u otras figuras de autoridad?

Pregunte qué aplicaciones y sitios son populares entre los amigos de sus hijos. Los niños pueden abrirse más cuando están hablando de alguien más. Pregunte si sus hijos utilizan las aplicaciones y sitios que sus amigos utilizan. ¿Está perdiéndose de información valiosa sobre sus hijos al no tener las últimas aplicaciones en su teléfono?

Pregunte a sus hijos qué piensan ellos que es inapropiado en las redes sociales. Muchas veces los jóvenes simplemente intentan ser graciosos o llamar la atención cuando se comportan mal en línea. Pueden lastimar los sentimientos de otra persona sin darse cuenta o compartir algo que a ellos mismos les avergüence. Pregunte a sus hijos si alguna vez han visto a otros a hacer cosas que luego lamentarían. ¿Han visto alguna vez a alguien hacer bullying en línea? ¿Qué hicieron? ¿Qué harían si ellos fueran testigos de ello? ¿Tendrían la confianza de compartirlo con un adulto?

Comparta lo que utiliza y modele el comportamiento que usted quiere que sus hijos imiten. Muéstreles su página de Facebook, videos favoritos, o un juego que le encante. Tal vez eso les inspire a corresponder. Recuerde que usted es el modelo digital de sus hijos. Ellos aprenderán de usted cómo comportarse, cómo establecer límites, cómo respetar la privacidad de sus amigos, y cómo saber cuándo apartar todas las herramientas digitales y simplemente enfocarse en lo que sucede frente a ellos.

Si le intimida hablar con su hijo acerca de estas aplicaciones de medios sociales, así es cómo usted puede obtener primero una idea de cómo utilizarlas:

En primer lugar, usted puede investigar la aplicación sobre la que desea hablar con su hijo usando Google o Bing. Haga clic en el botón "video" en la parte superior del cuadro de búsqueda para aprender cómo funciona la aplicación. Hay muchísima información en línea que usted puede encontrar en menos de 10 minutos.

En segundo lugar, puede visitar SafeSmartSocial.com, y ver videos gratis para aprender acerca de las aplicaciones.

En tercer lugar, involucre a sus hijos pidiéndoles que le enseñen cómo funciona la aplicación. Una vez que tenga una idea básica de lo que hace la aplicación, puede "hacerse el tonto" y pedirle a sus hijos que se lo expliquen más en detalle. A los jóvenes les encanta sentir que son expertos y usted aprenderá acerca de la aplicación en sus términos, lo que le ayudará a identificarse con ellos aún más.

Consejo táctico: Al aprender algo nuevo de un joven, trate de no decir "¿Y por qué querría hacer eso?" sino "Genial, ¿qué sucede si hago eso?" Cuando los padres preguntan "por qué" al estar aprendiendo, esto hace que parezcan no estar al corriente.

En cuarto lugar, si usted ve que sus hijos están publicando en una nueva aplicación, pídales que lo guíen a través de su perfil en línea y sus siete publicaciones más recientes. Pregúnteles sobre algunas de las fotos y haga que le expliquen cómo piensan que los demás percibirían esa foto. Permita que ellos tomen el control de este ejercicio para que se sientan cómodos. Cuando describan la foto hará que tomen responsabilidad de las imágenes y a veces se corregirán ellos mismos y verán lo que usted ve (sin que usted parezca negativo).

A diferencia de hace 20 años, hoy en día los jovencitos quieren que usted lea sus diarios. Los medios sociales se han convertido en el nuevo diario de los jóvenes. Hace décadas, mis hermanas solían decir, "¡No leas mi diario!" Los preadolescentes y adolescentes se han acostumbrado a compartir sus selfies para que todos las vean. Les da algún tipo de emoción el compartir sus secretos más íntimos en línea y provocar una reacción. En muchos casos, los jóvenes son mejores en relacionarse con sus seguidores que muchas marcas de Fortune500 a las que les he hablado a lo largo de la última década. Los jóvenes de hoy en día son buenos para compartir su "diario" en línea porque les gusta la retroalimentación instantánea que reciben. Estas aplicaciones premian a aquellos que comparten secretos.

Hoy en día no hay que ir de escondidas para encontrar (y leer) el diario de un joven. En cambio, los jóvenes publican sus momentos más privados en sus cuentas de medios sociales para que todos los vean (o para que una universidad termine encontrándolos). Todo lo que un padre necesita es hacerse "amigo" de su hijo en línea, convertirse en un observador y leer todas las publicaciones y tuits de su hijo. Por lo tanto, para mantener intactos sus "privilegios de lectura del diario", considere no comentar directamente sobre las publicaciones de sus hijos. En su lugar, utilice estas publicaciones para iniciar un diálogo en torno a esos asuntos y temas con sus hijos en la vida real (tal vez a la hora de la cena).

Encuentre a alguien de confianza para que hable con sus hijos

Si se le hace difícil conectar con su hijo sobre este tema, tenga en cuenta que es posible que usted no sea la mejor opción para hacerlo en este momento. Puede ser que haya otro padre (en quien usted confíe) que pueda hablar con sus hijos acerca de mantenerse seguros y causar una buena impresión. O bien, puede hacer uso de uno de sus amigos adultos, alguien que conozca a su hijo y en quien usted confíe, y esta persona puede tener una conversación valiosa con ellos acerca de los medios sociales. Tome en cuenta también a otras personas en su familia que tal vez conozcan más sobre el tema. Usted podría utilizar una tía o un tío favorito, alguien "cool" o "en onda". Espero algún día ser ese "tío cool" para mis sobrinas y sobrinos. :)

Quien sea que hable con sus hijos, comience por establecer algunas metas. Tenga una conversación importante sobre las universidades y/o carreras que más los emocionan. Al hablar sobre metas y organizaciones a largo plazo, los hijos comenzarán a entender su panorama a largo plazo. Luego, pregunte a sus hijos qué tipos de publicaciones y fotos en línea pueden impresionar a esas universidades y/o empleadores. En general, hable con sus hijos acerca de mantener su imagen en línea Segura, Atenta y Simpática®, para impresionar a estos grupos en el futuro.

Muchas organizaciones utilizan el término "ciudadanía digital" para describir la forma en que los jóvenes deben interactuar positivamente en línea. Creo que esta frase es difícil de entender para la mayoría de los jovencitos.

**Aquí está mi fórmula aproximada para la
Ciudadanía Digital:**

Sé Activo:
Publica algo semanalmente
+
Sé Amable:
Publica únicamente contenido Seguro, Atento y Simpático®
que se trate menos acerca de ti y más acerca de actividades y
otros temas
+
Piensa a Largo Plazo:
Pregúntate: "¿Estaré orgulloso de esto en cinco años?"

¿Y si no soy amigo de mis hijos en línea?

Si es posible, trate de hacerse amigo de sus hijos en los medios sociales. Algunos niños no querrán ser amigos de sus padres en los medios sociales. Sin embargo, si el padre está comprando el dispositivo, muchos le dirán que tiene el control total sobre la experiencia. Además, tenga en cuenta que es probable que usted sea el que paga la factura. Mucha gente dice que si el padre compra el coche y paga el seguro, entonces puede tomar las llaves en cualquier momento. Algunos dirían que esto también aplica para el teléfono celular. Muchas redes sociales no permitirán que usted vea lo que sus hijos publican si no es un amigo/seguidor (si sus perfiles están privados).

¿Cómo motivar a sus hijos para que les importe?

Para empezar, elija un objetivo que tenga su hijo a largo plazo. Usted podría comenzar una conversación así, "Te encanta el fútbol americano. ¿No sería bueno si pudieras jugar fútbol americano universitario en Stanford? Para hacer eso, necesitas impresionar al entrenador Smith con tus medios sociales. ¿Qué tipos de mensajes crees que le gustaría ver al entrenador Smith?" Esto les da una perspectiva totalmente

SEGURO, ATENTO Y SIMPÁTICO®

nueva sobre su uso de medios sociales. Ahora, en lugar de pensar en si a usted o a sus amigos les gustan sus publicaciones, sus hijos pensarán a largo plazo sobre qué piensan otras personas como maestros, entrenadores y empleadores sobre sus publicaciones.

¿Y si mi hijo comete un error en línea?

En algún momento, su hijo probablemente 'meterá la pata'. Eso le pasa a todo el mundo. Si usted ve contenido malo, considere no regañar a sus hijos por ese contenido específicamente, sino más bien pregúntese, "¿Por qué publicó eso mi hijo? ¿Qué puedo aprender de esto? ¿Cómo puedo responder a esto comenzando un diálogo con mis hijos?" El mejor lugar para empezar es tratar de entender por qué sucedió, y luego trabajar para asegurarse de que no vuelva a ocurrir en una red social pública. Tal vez su hijo no se dio cuenta de que era algo inapropiado para ponerlo en línea, o tal vez necesite un gentil recordatorio de que esto no se ajusta a su plan/objetivo de imagen a largo plazo. Si usted no hace más que regañar, no aprenderán lo que hicieron mal y terminarán intentando ocultarle su comportamiento. Cada hijo es diferente, por lo que cada uno tiene necesidades diferentes. El objetivo no es tratar de que sean perfectos en Internet, sino ayudarles con el proceso de brillar en línea a largo plazo.

Utilice celebridades para enfatizar un punto

Este es un juego divertido para jugar con sus hijos. Utilice un motor de búsqueda para encontrar todo tipo de gente famosa. Hay celebridades que son famosas por ser ricas y exitosas, y algunas que son más bien infames, debido a las dramáticas acciones que han tomado para llamar la atención en línea. Considere las diferencias entre Steve Jobs y las Kardashian. Pregunte a sus hijos quién preferirían ser. ¿Qué huella desean dejar? ¿Qué es lo que dirá su "marca", o su reputación, de ellos? ¿Quieren ser el inventor del iPhone o ser conocidos por compartir todos sus secretos personales en un dramático programa de televisión donde la gente pierde el respeto por ellos?

Sin importar cómo usted decida hablar con sus hijos acerca de su presencia en los medios sociales, asegúrese de que esta presencia los enorgullezca de aquí a cinco años a medida que crezcan. Asegúrese de tratar los medios sociales con ellos de una forma que les ayude a interactuar con sus amigos con calidad, y que además fortalezca su relación con ellos a medida que los acompaña como padre a lo largo de este nuevo camino digital. Está bien que se mantenga firme en sus decisiones, sólo asegúrese de mantener las líneas de comunicación abiertas para que entienda mejor por qué sus hijos se comportan en Internet en la forma en que lo hacen.

Visite SafeSmartSocial.com/libro para registrar este libro gratuitamente y le enviaremos videos y aportes clave para ayudar a sus estudiantes a usar medios sociales para impresionar a universidades y empleadores.

Los puntos clave a recordar de este capítulo:
- Explique a sus hijos los problemas con los medios de comunicación social.
- Póngalos en contexto sobre cómo pueden hacerles daño. Simplemente establecer reglas sin contexto puede llevar a que se rebelen. Tenga en mente: Dialogar.
- Haga que sus niños lo guíen a través de sus cuentas de medios sociales, enseñándole de qué se trata, a quiénes siguen y por qué.
- Investigue aplicaciones de medios sociales con Google antes de hablar con su hijo, si a usted le preocupa parecer desfasado.
- Encuentre a alguien de confianza para que hable con su hijo, en caso de que haya tensión en su relación o que a alguno de ustedes le incomode la conversación.
- sociales, pero no comente en sus publicaciones.
- Encuentre una meta que los motive, como jugar fútbol americano para un equipo universitario. Ayúdelos a

crear una imagen para que puedan lograr ese objetivo.

- Si su hijo comete un error en los medios sociales, dedique más tiempo a comprender el por qué en lugar de hacerlo sentir mal.
- Juegue a analizar los medios sociales de celebridades para decidir juntos qué parece digno de elogio y qué no.

CAPÍTULO OCHO
Cómo crear un plan juntos

Si quieres gozar de una buena reputación preocúpate en ser lo que aparentas ser. – Sócrates

Marcus Buckingham es un autor de bestsellers en Recursos Humanos y Liderazgo, y alguien para quien yo trabajé una vez. Así es como me consta su excelencia en el estudio de liderazgo y en la creación de fórmulas que otros pueden seguir. Después de estudiar miles de entrevistas, este es su consejo en cuanto a brindar un enfoque para construir mejores líderes:

"Defina la excelencia en forma vívida y cuantitativa. Pinte un cuadro para sus empleados más talentosos que explique qué es la excelencia. Haga que todos sigan empujando y empujando hacia el extremo derecho de la curva de distribución normal".

Aunque no esté manejando una empresa, esto puede funcionar con los hijos. Para sobresalir, usted debe saber cuál es su meta, definirla e ilustrarla en la mente de su hijo, para luego descubrir cómo puede alcanzarla. Usted no alcanzará sus objetivos hasta que defina en qué dirección necesita moverse. Al mostrarle a su hijo a quiénes necesita impresionar y cómo, le dará alguna dirección sobre qué hacer cuando comience la presión en medios sociales.

¿A quién querrá impresionar su hijo en los próximos años? Comience con su público objetivo.

¿Es a una universidad? Si es así, considere hacer una lista de las universidades a las que su hijo (y/o usted) quieren impresionar. Tome la mejor escuela en la lista y:

1) Busque el nombre de uno de los oficiales de admisión y conviértalo en un modelo a seguir para sus hijos. La gente responde bien cuando tiene un ejemplo físico para guiarse en lugar de simplemente una idea. Por ejemplo, digamos que su hijo quiere asistir a la USC (Universidad de Carolina del Sur). Usted puede buscar a sus oficiales de admisión. Tal vez uno de ellos se llame Bill Smith. Quizás usted pueda hablar con su hijo y recordarle que antes de cada publicación debe preguntarse: "¿Aprobará o no aprobará Bill Smith esta publicación, o no le dará importancia?" Si no lo aprobará o no le dará importancia, entonces es probable que no ayude la imagen en línea de su hijo (y tal vez podría hacerle daño). Todo lo que no agregue valor a su imagen en línea se considera "fuera de tema" y puede alejarlo de su enfoque en línea. Más adelante hablaremos de esto.

2) Busque en Google el nombre de la universidad y averigüe por qué programas es conocida. Escríbalos e incorpórelos en su plan. Ejemplo: UCLA podría tener un gran equipo de cocina y su hijo es muy bueno cocinando. No se trata de dictar en qué participará su hijo, sino más bien animarlo a hacer aquello en lo que es bueno. Considere la posibilidad de conectar los puntos entre lo que ofrece su universidad soñada y aquello en lo que su hijo es bueno, y luego destaque esas áreas. Cuando conozca las similitudes, hable con sus hijos acerca de las maneras de integrar esas similitudes en sus pasatiempos y anímelos a publicar esas cosas en los medios sociales.

3) Busque el o los nombres de algunos estudiantes de la universidad que sean líderes en el campus. Son fáciles de encontrar, ya que por lo general aparecerán en los resultados de Google cuando investigue la universidad. Estos pueden ser el primero de la promoción o los voluntarios extracurriculares, los estudiantes actuales o estudiantes recientes. Escriba su nombre y búsquelos en Google para aprender más acerca de su portafolio de logros en línea. No llegue al punto de hacerlo raro, pero utilice sus resultados de Google con sus hijos como un ejemplo de lo que esa universidad busca en un líder. Una vez más, los hijos responden bien a ejemplos reales (y tenemos un ejemplo de Harvard al final de este libro). Elija estudiantes unos años mayores e involucrados en las actividades en las que su hijo pueda aspirar a participar.

Consejo táctico: Padres, ustedes querrán buscar estos modelos a seguir con antelación y asegurarse de que no aparecen con tragos en su imagen en línea. El proceso tal vez no sea tan sano si el ejemplo tiene un montón de fotos de fiesta (cuando usted ha estado hablando bien de él o ella).

Después de investigar estos asuntos por cuenta propia, decida qué compartir con sus hijos. Mientras usted hace eso, asegúrese de fomentar la importancia de este método. Si usted hace todo el trabajo, y ellos no sienten que pueden participar en el proceso, este método no permanecerá en ellos. Es necesario que sus hijos lo vean como algo interesante y esta planificación para el futuro los ayudará a guiarlos a ser inteligentes en línea.

Pida a sus hijos que se pregunten qué deberían resaltar en línea. Traza un círculo alrededor de al menos una cosa de cada categoría para enfocarse.

Seguro (enseñar y compartir)
· Inspirar a otros
· Compartir tu afición (cocina o manualidades)
· Aprender un nuevo idioma

Atento (ayudar a los demás)
· Voluntariado
· Donar tu tiempo
· Ayudar a construir algo

Simpático (ser parte del equipo)
· Deportes
· Música
· En los clubes del campus

ADVERTENCIA (cuidado antes de publicar sobre cualquiera de estos temas)

· Tomar conciencia de un tema que pueda ser de naturaleza política (no es un buen tema si está relacionado con la política y/o emocional y/o religioso).
· Política
· Religión
· Difamar a otras personas (como a otras universidades, equipos deportivos, mal servicio en los restaurantes que hayas visitado, etc.)
· Publicar de manera apasionada para conseguir apoyo para una nueva causa que no ha probado su valía por más de una década.

Ahora que conocemos en qué áreas positivas desea enfocarse, esto le animará a seguir pensando en ellas. Incluso en las zonas que no marcó, pida a sus hijos que mantengan todo Seguro, Atento y Simpático® antes de publicar. Y enfóquese en mantenerse alejado de la columna de advertencia/cuidado.

Consejo táctico: Una de las maneras más rápidas

de descubrir problemas es buscar su nombre en Google/Bing y hacer clic en el botón "Imágenes" para obtener una representación visual de su presencia en línea.

En 2013 un adolescente de Nueva York, Kwasi Enin, fue aceptado en las ocho universidades de la Ivy League (la Universidad Brown, la Universidad de Columbia, la Universidad de Cornell, la Dartmouth College, la Universidad de Harvard, la Universidad de Princeton, la Universidad de Yale y la Universidad de Pennsylvania). Al parecer, su vida entera sus padres le exigieron un alto nivel académico, lo cual realmente al final valió la pena. También era muy activo: tocaba un instrumento, cantaba en el coro de la escuela, y practicaba un deporte. Él demuestra que ser un estudiante bien equilibrado, con logros académicos y actividades extracurriculares, es una excelente forma de destacar.

El ensayo de la admisión de Enin se centró en cómo la música había jugado un papel importante en su vida. Mientras los hijos están ocupados con sus actividades diarias, es importante que recuerden enfocarse en algunas pocas cosas buenas, en lugar de muchas cosas mediocres. La calidad de las cosas que haces, no la cantidad, es lo que realmente importa. Anime a sus hijos a ser bien equilibrados y profesionales.

¿Qué dice la reputación personal de su hijo acerca de su próximo proyecto?

Vea la marca personal de su hijo (su reputación) como una inversión: su imagen en línea y reputación personal tienen el potencial de durar más que la expectativa de vida de usted. Aunque los proyectos en que trabajen podrían crecer o ser rechazados, su reputación personal permanecerá y (si son cuidadosos) agregará valor a cada nueva etapa de su carrera.

Las universidades (y los futuros empleadores) seguirán la reputación de su hijo de proyecto en proyecto si se sienten cómodos con ella. Cuando sus hijos lancen nuevos proyectos, su reputación personal tiene el potencial de garantizar que nunca tengan que empezar de cero otra vez. Si su hijo o hija se considera a sí mismo como alguien enfocado a largo plazo, ya sea para un deporte, una afición o para la universidad, una buena reputación personal es una inversión muy valiosa.

Este es un buen momento para crear un plan para proteger la reputación en línea de sus hijos y crear su marca personal. Su "marca personal" implica todo lo que publican para que la gente lo vea, por lo que es una extensión de su reputación. Ya sea que se den cuenta o no, a sus hijos siempre los están evaluando en base a su marca personal. Así es como las personas evalúan a otros. Las posibilidades de que a un solicitante lo acepten se ven disminuidas cuando un reclutador descubre algo negativo sobre él en los medios sociales. Por otro lado, los reclutadores reaccionan muy favorablemente a los mensajes y tuits sobre voluntariado. Considere que lo que usted haga ahora afectará la imagen de su hijo en el futuro.

Pensar a corto plazo trae problemas de reputación a largo plazo (lo cual podría dañar la imagen de su hijo en línea).

La Universidad de Liverpool, al igual que muchas universidades, publica una guía sobre cómo usar los medios sociales de una manera en que no lo descalifique para su admisión. Algunas de las directrices son generales, pero a continuación se encuentran algunos consejos clave tomados directamente de su Política de Cumplimiento en Medios Sociales. Esto le dará una idea de lo que las universidades realmente piensan sobre las redes sociales:

1) **Considere su mensaje, audiencia y objetivos.** No olvide que es muy difícil limitar quién ve qué en las redes sociales, así que tenga esto en cuenta antes de publicar contenido.

2) **Sea acertado.** Los errores pueden suceder, pero trate de asegurarse de que lo que publique sea acertado, preciso.

3) **Considere el impacto.** El material publicado en los medios sociales puede tener un impacto a largo plazo sobre

sus perspectivas empleo y su reputación. Asegúrese de considerar las consecuencias antes de publicar.

4) Respete la privacidad de los demás. No incluya información personal sobre usted u otras personas incluyendo otros estudiantes y personal de la Universidad. Familiarícese con las normas de profesionalismo y confidencialidad – asegúrese de conocer las reglas para proteger la privacidad en relación a su área de estudio en la Universidad. Por ejemplo, los estudiantes de Ciencias de la Salud, Odontología, Medicina y Veterinaria deben conservar el profesionalismo y respetar la confidencialidad en los casos clínicos. Los estudiantes en investigación también deben estar conscientes de las reglas que rigen el reclutamiento de voluntarios de estudio.

5) Esté consciente de los derechos de autor y de propiedad intelectual. ¿Necesita permiso para publicar información en su página? Asegúrese de verificar antes de publicar porque infringir las normas podría conducir a acciones legales.

6) No utilice el logotipo de la Universidad. El logotipo de la Universidad y cualquier otra imagen o ícono universitario no deben ser utilizados para sitios personales de medios sociales.

7) Medios sociales. El uso de los medios sociales – ya sea de cuentas personales o universitarias – es monitoreado por la Universidad y cubierto por las normas que rigen la conducta de los estudiantes. El uso inapropiado de medios sociales (por ejemplo: contenido ofensivo, intimidante, amenazante, indecente o ilegal) probablemente resultará en que se refiera a los estudiantes a los procedimientos disciplinarios para estudiantes de la Universidad.

Las universidades no están tratando de ocultar que monitorean los medios sociales. No es su propósito engañarte, pero si eres es un miembro afiliado no desean que coloques cosas inapropiadas o llenas de odio en Internet. En última instancia, se verán mal por tener cualquier asociación contigo.

Teniendo eso en mente, no les des razones para que no te quieran como parte de su equipo.

Kim Sánchez, ex directora de Seguridad y Accesibilidad en Línea de Microsoft Corporation, da más consejos sobre el asunto. Su siguiente consejo sobre tomar las riendas de tu reputación en línea es cultivar tu reputación profesional. Kim dice:

> *Publica lo positivo. Crea lo que quieres que otros vean. Vincula todo lo que publiques con tu nombre. Añade tus comentarios en blogs orientados a tu carrera y participa en foros en línea donde tengas experiencia. Piensa cuidadosamente antes añadir cualquier información personal a tu perfil profesional y sólo hazlo de una manera que refleje bien en esa imagen.*

Los empleadores y las universidades eventualmente encontrarán sus perfiles personales, incluso si su hijo utiliza diferentes direcciones de correo electrónico y/o nombres de usuario. Asegúrese de que la presencia en línea de sus hijos sea una versión "orientada a la familia" de lo que debería ser su perfil profesional. ¿Quiere que sobresalgan? Pídales que agreguen algún contenido sano a su perfil profesional que los haga destacar entre sus compañeros. Esto puede ser fotos de voluntariado o experiencias de viaje que los haga mejor equilibrados.

Cree un acuerdo o contrato de medios sociales con sus hijos

Otro consejo que realmente le ayudará a sacar ventaja es crear un acuerdo de medios sociales con sus hijos.

Robyn Spoto es cofundadora de la aplicación MamaBear y ella tiene estas sugerencias:

1) Cree un contrato de teléfono inteligente y/o medios

sociales con sus hijos.

2) Un gran primer paso es tener una conversación acerca de los límites y crear un acuerdo escrito – un contrato – con su hijo. Luego, asegúrese de revisar las restricciones parentales que ofrecen la mayoría de los dispositivos del mercado.

3) Mis puntos favoritos para incluir en un contrato de teléfono celular familiar son:

a. Si se me cae el teléfono o se me daña de alguna manera, yo seré responsable de la reparación o sustitución del mismo.

b. Siempre contestaré el teléfono cuando mis padres o hermanos llamen y responderé los mensajes de texto de la familia tan pronto los reciba.

c. No usaré mi teléfono en la mesa o durante eventos familiares.

Para recibir un contrato de medios sociales entero por correo electrónico, visite SafeSmartSocial.com/libro.

Visite SafeSmartSocial.com/libro para registrar este libro gratuitamente y le enviaremos videos y aportes claves para ayudar a sus estudiantes a utilizar los medios sociales para impresionar a universidades y empleadores.

Los puntos clave a recordar de este capítulo:
- Demuestre POR QUÉ los hijos deben participar en tener una presencia limpia en Internet, no sólo les diga que tener una presencia negativa está mal. Recuerde, el objetivo final es impresionar a las universidades y a los empleadores.
- Normalice el uso de medios tecnológicos y sociales en su casa, de modo que no sea raro que usted participe en las "vidas de Internet" de sus hijos. No siempre se trata de enseñarles a sus hijos cada pequeño detalle, se trata también de motivar a su familia a querer usar

los medios sociales de forma inteligente.

- Cuando aprenda algo nuevo de un hijo, trate de no decir "¿Por qué querría hacer eso?" sino "Genial, ¿qué sucede cuando hago eso?"
- Considere no comentar directamente sobre las publicaciones de sus hijos. En su lugar, utilice estas publicaciones para iniciar un diálogo en torno a esos asuntos y temas con sus hijos en la vida real (tal vez a la hora de la cena).
- Si se le hiciera difícil conectar con sus hijos, tenga en cuenta que es posible que usted no sea la mejor opción para hacerlo en este momento. Puede ser que haya otro padre (en quien usted confíe) que puede hablar con sus hijos acerca de mantenerse seguros y causar una buena impresión.
- Pídale a sus hijos que piensen: "antes de que publique esto, ¿me ayudará a entrar en la universidad?"
- No se trata de dictar en qué participará su hijo, sino más bien en animarlo a hacer aquello en lo que es bueno.
- Pregúntate a ti mismo: ¿Por qué quiero darme a conocer? Y luego comparte ese tema en los medios sociales.
- Una de las maneras más rápidas de descubrir problemas es buscar tu nombre en Google o Bing y hacer clic en el botón "Imágenes" para obtener una representación visual de tu presencia en línea.
- Recuerda enfocarte en un par de temas buenos para compartir. La calidad de los mensajes y temas que compartas (no la cantidad) es lo que realmente importa.
- Crea un plan para proteger tu reputación en línea y crear tu marca personal.
- Visualiza tu marca personal (tu reputación) como una inversión: tu imagen en línea y reputación personal

tienen el potencial de durar más que tu propia vida.

- El pensar a corto plazo trae problemas de reputación a largo plazo (que pueden dañar la imagen en línea de su hijo).
- Publica lo positivo. Crea lo que quieres que otrovean. Vincula todo lo que publiques a tu nombre.
- Piensa cuidadosamente antes de añadir cualquier información personal a tu perfil profesional y sólo hazlo de una manera en que se refleje bien en esa imagen.

CAPÍTULO NUEVE

Casos de estudiantes exitosos que están cambiando el mundo

Una carrera nace en público — el talento, en privado. –Marilyn Monroe

E l objetivo de este capítulo es brindar ejemplos de otros jóvenes que utilizan los medios sociales como un portafolio para destacar sus logros. Echaremos un vistazo a estos jóvenes y demostraremos cómo están utilizando LinkedIn, Twitter, Facebook, Instagram o YouTube para compartir su mensaje positivo. Todos estos ejemplos recalcarán maneras en las que los jóvenes pueden utilizar los medios sociales para causar una buena impresión en las universidades y empleadores. En cada ejemplo destacaremos una "lección aprendida" para que los jóvenes entiendan cómo pueden emular este modelo de conducta en sus propios medios sociales.

Ya que hay tanta negatividad en línea, queremos usar este capítulo para brindar a los jóvenes un conjunto positivo de ideas que puedan imitar.

Es importante entender que cualquier cosa que hagas en la vida real puede terminar en Internet. Así que te descubrirán ya sea para bien o para mal. En estos ejemplos, a estos adolescentes y preadolescentes los descubrieron haciendo cosas excelentes en la vida real y terminaron en Internet.

Las mejores estrellas de Internet son aquellas que están haciendo cosas importantes en la vida real y que dejan que éstas demuestren cómo ellos brillan en línea.

Brendan Craig – Empresario de 14 años de edad

Brendan Craig, oriundo de Los Ángeles, CA, ha sido un entusiasta de los food trucks –furgonetas de venta de comida– desde los 11 años, edad a la que empezó a ver el show televisivo The Great Food Truck Race. A esa edad, él era un chico tímido y reservado y, como se ponía muy nervioso al hablar con la gente, cuando sus padres lo llevaron por primera vez a un evento de food trucks hizo que su padre le pidiera a uno de los conductores de los food trucks su tarjeta de presentación. Después de eso, la familia visitaba a menudo otras furgonetas en el área y Brendan siempre adquiría una tarjeta de presentación, a través de su papá o mamá.

Brendan se dio cuenta de que tenía el potencial de una gran idea. En su zona, los food trucks no tenían mucha presencia en Internet. Brendan tomó las numerosas tarjetas de presentación que había recolectado y creó una cuenta en Instagram con el propósito de mostrar dónde estaban las furgonetas y qué clase de comida vendían. Poco a poco, su cuenta llegó a tener éxito con más de 1,700 seguidores.

Un par de blogueros de San Francisco encontraron las cuentas de Brendan de Instagram y Twitter y se reunieron con él en Los Ángeles para hablar acerca de su trabajo con los food trucks. Cuando dos cineastas documentalistas aspirantes se acercaron a los blogueros buscando ideas para un documental acerca de los food trucks en Los Ángeles, los blogueros les sugirieron que se reunieran con Brendan. Después de hablar con él, los cineastas decidieron enfocar el documental en Brendan y en su amor por los food trucks. Era una gran manera de exhibir su pasión. Brendan también estaba recibiendo ofertas de trabajo de distintos food trucks que querían que él fuera su administrador de medios sociales. A la edad de 13 años, él amablemente rechazó sus peticiones, pero dejó abierta esa ventana de oportunidad por si alguna vez quisiera retomarla en el futuro.

Llegó el momento de que Brendan aplicara a una escuela preparatoria privada y selectiva en El Segundo, CA. En su proceso de entrevista, el oficial de admisión le hizo la pregunta de siempre: "¿Háblame de ti?". Brendan pudo responder con confianza: "Tengo mi propio negocio". Los dos entablaron una conversación significativa acerca de cómo esto influenció en el carácter de Brendan y cómo esto se había convertido en su pasión. Brendan pudo exhibir sus talentos en una manera positiva, siendo capaz de sentirse seguro de sí mismo y sobresalir entre sus compañeros.

La entrevista fue un tremendo éxito y Brendan fue aceptado en la escuela. Resulta que de un total de 75 alumnos en su clase, él es sólo una de las tres personas que tienen su propio negocio. El director de la escuela sigue desde entonces la página de Twitter de Brendan para conocer lo último de los food trucks.

Consejo táctico: Esto demuestra que: (1) Las escuelas ven tus medios sociales, (2) para causar una impresión duradera en cualquier cosa que hagas, tienes que estar seguro de tu capacidad, ser entusiasta y tener un enfoque único, y (3) que tener una imagen limpia en Internet (como Brendan) añadirá valor a cualquier organización que estés considerando. Ellos reconocerán y apreciarán esto.

En la clase de español de Brendan, la maestra asignó un proyecto en el que ellos debían diseñar su propio concepto para un food truck. Ella conocía la experiencia de Brendan en este campo y lo puso a cargo de una presentación ante la clase acerca de los diferentes tipos de conceptos de furgonetas de comida y elementos del menú. Cuando tenía 11 años de edad y empezó a recolectar tarjetas de presentación de food trucks a través de sus padres, le hubiera intimidado dar este discurso. Pero ahora que él tenía experiencia con food trucks (y con sus dueños), él confiaba en su conocimiento y fue capaz de dar una presentación inmejorable ante sus compañeros.

En uno de los primeros capítulos de uno de los libros de Dale Carnegie, The Keys to Public Speaking (Las claves de hablar bien en público), él dice: "Cualquiera puede sentirse cómodo y confiado hablándole a una o hasta a mil personas si simplemente se centra en lo que mejor sabe hacer y lo que más le apasiona en el mundo".

A Brendan, el tema que más le apasiona es el de los food trucks. Para otros jóvenes podría ser algo muy diferente. Podría ser la jardinería, jugar videojuegos, el español, el francés, viajar, Wikipedia, etc.

A Brendan además lo abordó una maestra en la escuela y le preguntó cómo reservar un food truck para su boda. Él está considerando seriamente unir su similar pasión por la fotografía con su negocio floreciente de food trucks para cubrir y fotografiar eventos importantes para fiestas de boda, escuelas y grandes organizaciones. Este enfoque de doble vía le dará ventaja ya que añadirá valor a esta industria única.

Punto clave a recordar: Brendan se está enfocando en algo que le apasiona y que al mismo tiempo ayuda a otros en una manera que añade tanto valor, que las personas no pueden darse el lujo de no trabajar con él. Eso es lo que las universidades deben ver en ti. Deben verte centrado en algo que haces bien, que quieres ayudar a otros, y que estás perfeccionando tu enfoque y añadiendo el mayor valor posible. No solo debes contar tu historia, sino también presentarte como alguien fascinante. Brendan hace eso porque ve la necesidad de esto y esa es su pasión.

Tanya Shaby – Estudiante de Leyes en Harvard

Cuando Tanya aplicó a la Escuela de Leyes de la Universidad de Harvard, ella sabía que necesitaría más que un alto promedio de calificaciones para impresionar al departamento de admisiones. Tener una imagen bien equilibrada podría añadir valor a su currículum y demostrar lo dedicada e involucrada que estaba en actividades tanto dentro de la escuela como extracurriculares.

Cuando hablamos me ofreció buenos consejos.

Primero, dijo, las universidades y los empleadores quieren ver un compromiso serio de algún tipo en la vida del aspirante. Tanya usó sus excelentes habilidades de patinaje sobre hielo para demostrar cuán dedicada puede estar a un proyecto. Ella compitió en patinaje sobre hielo a nivel nacional y se convirtió en la presidenta del equipo de patinaje artístico de California. Ella permitió que sus logros fueran descubiertos al empezar su propio canal en YouTube y publicar varios videos de ella en entrenos y competencias de patinaje. Ella publicó su pasión por patinar en YouTube para que sus actividades en la vida real se hicieran parte de su huella digital en Internet. Es importante dedicarle tu tiempo a un pasatiempo que te enorgullezca si fuese a acabar en Internet. También es importante asumir un papel de liderazgo en tu pasatiempo para demostrar cuánto te dedicas para tener éxito en cualquier tema o actividad.

Segundo, Tanya sugiere que los estudiantes se equipen de tal manera que tengan mucho más que un alto promedio de calificaciones que demuestren sus esfuerzos. Durante el proceso de admisión a la Escuela de Leyes, muchos de sus compañeros tenían notas mucho mejores que las de Tanya. En lugar de competir solo con su promedio de calificaciones, ella confió en sus ensayos y en su currículum para equiparse y crear una historia bien equilibrada e interesante. Ella utilizó este panorama más amplio para exhibir su personalidad trabajadora y destacar cómo ella sería una abogada exitosa algún día al poner en práctica su ética laboral. Tanya anima a estudiantes a compartir su pasión y/o pasatiempo en Internet para destacar su historia única y presentar algo más que solamente un promedio de calificaciones.

Punto clave a recordar: Preséntate como alguien bien equilibrado y permite que te descubran en línea haciendo las cosas que dices estar haciendo. Muestra evidencia de tu excelencia y tus logros.

Bethany Mota – Celebridad de YouTube

Bethany Mota es una chica de veintitantos años que recurrió a publicar videos regularmente en YouTube para huir del bullying que sufría como adolescente. En una entrevista con Business Insider, ella reveló: "No quería hablarle a nadie. No quería salir de mi casa. [YouTube] era un escape donde podía ser yo misma sin tener que preocuparme sobre qué pensaban los demás".

Su manera de manejar las cosas es inspiradora porque en lugar de arremeter contra los jóvenes que la acosaban, y en lugar de recluirse y alejarse de su vida, encontró algo sano para hacer con su tiempo: enseñar a otros con sus videos de moda y maquillaje en YouTube. Ahora ella es una afamada bloguera que inspira a otros y hace giras motivacionales para conocer a sus fans e interactuar con ellos. Tiene una fuerte presencia en YouTube que es divertida y animadora, la combinación perfecta para alguien que desee destacar de forma positiva.

Punto clave a recordar: Encuentra algo que puedas hacer en línea que ayude a otros y te dé un escape creativo para hacer una diferencia positiva.

Cain Monroe – Empresario de nueve años de edad

A la edad de nueve años, Cain Monroe fue descubierto por la Imagination Foundation, una fundación sin fines de lucro, al construir un arca detallada de cartón en la tienda de ventas de automóviles usados de su padre. La organización sin fines de lucro trabaja para promover la creatividad y el espíritu empresarial en los niños. Ahora, ellos llevan a cabo "desafíos de cartón" alrededor del mundo para más de 100,000 niños en 50 países. Cain construyó algo en la vida real que fue tan inspirador que creó las "5 lecciones para empresarios". Son: 1) Sé amable con los clientes, 2) haz un negocio divertido, 3) ¡no te rindas! (énfasis especial en este punto), 4) comienza con lo que tienes, y 5) usa materiales reciclados.

Su historia es inspiradora porque a pesar de su corta edad, él dedicó su tiempo a construir algo que le enorgullece mostrarlo en Internet. Cuando su proyecto de la vida real se publicó en Internet, las personas rápidamente se dieron cuenta de que él era muy creativo y tenía talento para los negocios. Su idea, con la ayuda de la Imagination Foundation ha ayudado a esparcir luz a incontables niños y comunidades. Llevar su idea a un nivel tan alto también ha tenido un impacto increíble en el propio Cain. Aparentemente, a él se le hacía difícil la escuela, pero desde que se le ha dado reconocimiento por su idea, sus calificaciones han mejorado y su tartamudeo ha disminuido.

Punto clave a recordar: Ten en mente tu pasión en la vida real y comprende que el trabajo arduo puede terminar ayudándote a construir una imagen sólida en Internet (que también puede ayudar a otros) y que te ayudará a brillar en línea.

Mia Goleniowska – Autora de diez años de edad

Mia Goleniowska, de diez años de edad, inspiró y ayudó a su madre a escribir el libro I Love You Natty: A Sibling's Introduction to Down Syndrome (Te amo Natty: La presentación de una hermana al Síndrome de Down). Cuando Natty nació, su madre Hayley estaba buscando libros acerca de su condición genética, especialmente aquellos que pudiera compartir con su otra hija, Mia, para explicarle la experiencia de Natty. Ella quería ayudar a escribir los libros que faltaban para ayudar a familias como la suya.

Mia jugó un papel especial al escribir el libro. Hayley incluyó pequeñas notas y poemas que Mia le escribió a Natty en una parte del libro. La historia de Mia y su familia es inspiradora porque en lugar de estar consternados por las diferencias de Natty, ellos han encontrado la alegría que Natty les causa y compartieron ese sentimiento único con otras familias. El libro de Mia y Hayley es de los preferidos para aquellos cuyas familias cuentan con hijos con síndrome de Down porque cada papel de la familia está representado y cada página los inspira.

Punto clave a recordar: La manera en que lidias con los problemas de la vida real puede convertirse en una gran historia que inspire y motive a otros con tu enfoque positivo.

Ryan Parrilla – Fotógrafo de Instagram

Ryan Parrilla es una estrella adolescente de la fotografía. Desde temprana edad él ha estado interesado en tomar fotografías y en experimentar con diferentes elementos para hacerlas más atractivas visualmente. Hace algunos años, sus padres vieron su potencial y le compraron una DSLR Canon, pero le dijeron que no tenía permitido sacarla de casa hasta que aprendiera cómo usarla. La DSLR es complicada, y él renunció a su interés en la fotografía por un corto tiempo. Sin embargo, cuando su hermana obtuvo un iPod, su interés por la fotografía se reavivó con la aplicación de Instagram.

Ahora Parrilla ha aprendido a usar su Canon y toma impresionantes fotografías que luego publica en su cuenta de Instagram. Tiene más de 85,000 seguidores, pero esto no fue suficiente para él. Creó otro sitio web, NovessPhoto.com, para exhibir su talento y compartir fotografías individuales. A los 15 años de edad, él ha dominado su presencia en Internet de una manera positiva, lo cual lo presentará de una manera favorable en el futuro.

Consejo táctico: Encuentra algo que te apasione y úsalo en Internet para exponer tu mejor talento en una manera que te enorgullezca.

Visite SafeSmartSocial.com/libro para registrar este libro gratuitamente y le enviaremos videos y aportes claves para ayudar a sus estudiantes a utilizar los medios sociales para impresionar a universidades y empleadores.

Puntos clave a recordar de este capítulo:

- Cualquier cosa que hagas en la vida real terminará en Internet. Que te descubran haciendo cosas positivas.
- Para causar una impresión duradera en cualquier cosa que hagas, tienes que estar seguro de tu capacidad, ser entusiasta y tener un enfoque único.
- Tener una imagen limpia en Internet añadirá valor a cualquier organización que estés considerando.
- Encuentra algo que puedas hacer en línea que ayude a otros y que te dé un escape creativo para hacer una diferencia positiva.
- Ten en mente lo que te apasiona en la vida real y comprende que el trabajo arduo puede terminar ayudándote a construir una imagen sólida en Internet que también inspirará a otros y te ayudará a brillar en línea.
- La manera en que lidias con los problemas de la vida real puede convertirse en una gran historia que inspire y motive a otros con tu enfoque positivo.

NOTAS FINALES

[1] "Kaplan Test Prep," Kaplan.com, última modificación 31 de octubre de, 2013, SafeSmartSocial.com/research.

[2] Victor Luckerson, "When Colleges Look Up Applicants on Facebook: The Unspoken New Admissions Test," Time.com, última modificación de 15 Noviembre de 2012, SafeSmartSocial.com/research.

[3] Jon Ronson, "How One Stupid Tweet Blew Up Justine Sacco's Life," New York Times, última modificación 12 de Febrero de 2015, SafeSmartSocial.com/research.

[4] Natasha Singer, "They Loved Your GPA Then They Saw Your Tweets," New York Times, última modificación 9 de Noviembre de, 2013, SafeSmartSocial.com/research.

[5] Emily Friedman, "Minn. High Schoolers Suspended for Facebook Pics", ABCNews.com, última modificación el 10 de enero de 2008, SafeSmartSocial.com/research.

[6] Natasha Singer, "They Loved Your GPA Then They Saw Your Tweets", New York Times, última modificación el 9 de noviembre de 2013, SafeSmartSocial.com/research

[7] Helen A.S. Popkin, "Twitter Gets You Fired in 140 Characters or Less", Technotica.com, última modificación el 23 de marzo de 2009, SafeSmartSocial.com/research

[8] Nardine Saad, "Glee Spoiler Extra Fired Nicole Crowther", The Gospel on Celebrity Pop Culture, Los Angeles Times, última modificación el 21 de abril de 2011,

SafeSmartSocial.com/research.

[9] "Gilbert Gottfried Fired as Aflac Duck After Tweet About Japanese Tsunami", Huffington Post Entertainment, última modificación el 25 de mayo de 2011, SafeSmartSocial.com/research

[10] Domino's Workers Disgusting YouTube Video: Spitting, Nose-Picking and Worse", Huffington Post, última modificación el 25 de mayo de 2011. SafeSmartSocial.com/research.

[11] Mike Flacy, "Teenage Girl Posts Picture of Cash on Facebook, Family Robbed Within Hours", DigitalTrends.com, última modificación el 29 de mayo de 2011, SafeSmartSocial.com/research.

QUERIDO LECTOR

Gracias por leer este libro. Me siento honrado de que se haya tomado el tiempo de escuchar mi mensaje.

Visite SafeSmartSocial.com/libro para registrar este libro gratuitamente y le enviaremos videos y herramientas para ayudar a sus estudiantes a utilizar los medios sociales para impresionar a universidades y a empleadores.

Como regalo adicional, le enviaré por correo electrónico todos los puntos clave de este libro para que los utilice como hoja de referencia en el futuro.

Gracias por tomar el tiempo de registrar su libro y apoyar mi trabajo,
@JoshOchs

AGRADECIMIENTOS

Agradezco a las muchas personas que estuvieron involucradas en la creación de este libro.

Dios – Gracias por bendecirme con las excelentes personas y experiencias que me han ayudado en mi camino. Es por ti que tengo la fuerza de sobreponerme a los obstáculos y seguir mejorando.

Mamá y Papá – Gracias por darme tan excelente ética de trabajo, por siempre apoyarme, enseñarme a cuidar de los demás, y por siempre asegurarse de que mantenga la humildad en todo lo que haga.

Mis hermanas Katie y Lacey – Gracias por siempre ser una "voz de la razón" y por mantenerme con los pies en la tierra y ayudarme a no perder la honestidad.

Zack & Tex – Gracias por cuidar tan bien de mis hermanas y por convertirse en excelentes padres a medida que crecen sus familias. Estoy muy orgulloso de ambos.

Jessica McIntyre – Gracias por todo tu apoyo por más de 7 años. Eres una amiga increíble y alguien con quien puedo contar siempre.

SOBRE JOSH OCHS

J osh Ochs es el autor de "Light, Bright and Polite®" (ahora traducido al español como "Seguro, Atento y Simpático®") y un orador público que enseña a los adolescentes y preadolescentes cómo brillar en línea para impresionar a futuras universidades y empleadores.

Con una formación en marketing en Disney y un amor por todo lo relativo a la tecnología, Josh Ochs combina ambas cosas para ayudar a los adolescentes y preadolescentes a utilizar los medios sociales como un portafolio de logros positivos. Josh viaja por todo el país y habla con más de 30,000 niños cada año compartiendo con ellos consejos que pueden utilizar para crear una presencia positiva en línea. El libro de Josh publicado en 2015, "Light, Bright and Polite®" (Atento, Seguro y Simpático®) muestra a los estudiantes exactamente lo que deben publicar en los medios sociales para impresionar a universidades y a empleadores. Josh explica ejemplos prácticos que pueden utilizar para crear un currículum de imágenes positivas que les permitan tomar las riendas de la primera página de sus resultados de búsqueda.

En 2009, Josh estuvo a punto de ser elegido para formar parte del ayuntamiento de la ciudad de Hermosa Beach, California, ganando el 70% de los votos necesarios para ganar un escaño en las elecciones locales contra el alcalde titular. Siendo la persona más joven en la boleta Joshelectoral y con recursos limitados, Josh reunió a un equipo de base para ayudarle a visitar a más de 3,000 hogares para conocer a los votantes en sus puertas y dar seguimiento utilizando los medios de comunicación social. Ahora Josh y su equipo aconsejan a políticos, profesionales y familias en todo el país sobre cómo utilizar las herramientas digitales para impresionar a clientes, votantes y universidades.

Josh ha sido citado y presentado como fuente en Forbes, CBS News, KTLA y KFWB Radio, es profesor invitado en la USC y UCLA y aparece frecuentemente en programas de radio a nivel nacional. Vive y trabaja en Los Ángeles, donde nació y creció.

Ponte en contacto:
Solicita que Josh hable en tu escuela escribiendo a Book@ SafeSmartSocial.com
Mira videos gratuitos de seguridad en línea del equipo de Josh: SafeSmartSocial.com
Conéctate con Josh en LinkedIn.com/in/joshochs
Conoce más sobre Josh en JoshOchs.com

NOTAS

2

NOTAS